Erenice Jesus de Souza

INICIAÇÃO À VIDA CRISTÃ DOS PEQUENINOS

Livro do catequista

Paulinas

Dados Internacionais de Catalogação na Publicação (CIP)
(Câmara Brasileira do Livro, SP, Brasil)

Souza, Erenice Jesus de
  Iniciação à vida cristã dos pequeninos : livro do catequista / Erenice Jesus de Souza ; [Gustavo Montebello]. – 5. ed. – São Paulo : Paulinas, 2012. – (Coleção água e espírito)

  Bibliografia
  ISBN 978-85-356-3284-2

  1. Catequese - Igreja Católica - Ensino bíblico 2. Catequistas - Educação 3. Fé 4. Vida cristã I. Montebello, Gustavo. II. Título. III. Série.

  12-09639   CDD-268.3

Índice para catálogo sistemático:
1. Catequistas : Formação bíblica : Educação religiosa : Cristianismo   268.3

Direção-geral: *Flávia Reginatto*
Editores responsáveis: *Vera Ivanise Bombonatto e Antonio Francisco Lelo*
Copidesque: *Sandra Sinzato e Marina Siqueira*
Coordenação de revisão: *Marina Mendonça*
Revisão: *Mônica Elaine G. S. da Costa*
Direção de arte: *Irma Cipriani*
Assistente de arte: *Sandra Braga*
Gerente de produção: *Felício Calegaro Neto*
Capa e editoração eletrônica: *Manuel Rebelato Miramontes*
Ilustrações: *Gustavo Montebello*

Nenhuma parte desta obra poderá ser reproduzida ou transmitida por qualquer forma e/ou quaisquer meios (eletrônico ou mecânico, incluindo fotocópia e gravação) ou arquivada em qualquer sistema ou banco de dados sem permissão escrita da Editora. Direitos reservados.

5ª edição – 2012
10ª reimpressão – 2025

Cadastre-se e receba nossas informações
paulinas.com.br
Telemarketing e SAC: 0800-7010081

Paulinas
Rua Dona Inácia Uchoa, 62
04110-020 – São Paulo – SP (Brasil)
📞 (11) 2125-3500
✉ editora@paulinas.com.br
© Pia Sociedade Filhas de São Paulo – São Paulo, 2010

Aqueles que realizam o trabalho,
creio que ficarão satisfeitos.

Quem pensa em iniciá-lo,
irá se sentir motivado.

Quem nunca pensou no assunto,
espero que aprecie esta vocação!

APRESENTAÇÃO

Paulinas Editora congratula a autora por sua capacidade pedagógica e seu compromisso com as crianças e com a catequese. É admirável vê-la em ação junto aos pequeninos na sala de aula e, mais ainda, coordenando a catequese na Paróquia Bom Jesus, na cidade de Franco da Rocha, bem perto de São Paulo.

Erenice é daquelas mulheres que aprenderam a não esperar que as oportunidades venham a si; mais que isto, ela aprendeu a cavar, a cultivar, a crescer, a buscar e a encontrar novos caminhos, mas com um diferencial: acredita na Palavra e tem uma fé inquieta aliada ao estudo. Tudo isto faz dela uma moça invejável, em plena fase de amadurecimento, como uma árvore frondosa que dá sombra, frutos bons e abrigo para uma ninhada de pássaros.

Este livro quer abrigar muitos pássaros. Destina-se aos pequeninos dos mais variados cantos do país que, a partir dos 6 anos de idade, começam a perguntar por Deus e a serem iniciados na vida cristã. A autora, incansavelmente, recomenda que temos que ouvi-los e levar a sério suas considerações.

Este livro nasceu da prática da autora em sala de aula – pois, até bem pouco tempo, lecionava em dois períodos para crianças dessa idade – aliada, ainda, aos conhecimentos do mestrado em Educação, como também da formação específica em muitos cursos de extensão na área da teologia e da catequese.

O resultado é surpreendente! Une a atualidade da prática pedagógica com a competência e experiência de fé da autora.

Parabéns, Erenice!

Pe. Antonio Francisco Lelo

INTRODUÇÃO

Em nossas comunidades, realizamos uma catequese que dedica especial atenção à educação da fé das crianças, a exemplo de Jesus Cristo que as acolheu em seu projeto de vida e lhes confiou o próprio Reino dos Céus (cf. Lc 18,15-17; Mt 19,13-15). À luz dessa imagem e à sua semelhança, há dois mil anos a catequese toma forma e afirma a importância, desde a mais tenra idade, da iniciação dos pequeninos à vida cristã.

Presentes e atuantes, as crianças seguem na caminhada e manifestam, ao longo da infância,[1] maturidades, necessidades e curiosidades que exigem constante atualização, dinamismo e criatividade dos trabalhos catequéticos, em vista da própria vivência dos valores cristãos no seio familiar e comunitário. Reconhecemos em seus pensamentos e atitudes o gosto pelo mundo que as rodeia, por tudo que possa ser aprendido, tocado, sentido e não poderíamos deixar de pensar a fé em meio a tudo isto.

Atenta a esta realidade e, consequentemente, aos seus desafios, este livro une-se às famílias e catequistas de norte a sul do país, com o objetivo de apoiá-los na rica missão de educar na fé os pequeninos. Busca motivar a realização dos estudos de modo aprofundado e atualizado sob as bases psicológica, pedagógica e catequética, dedicando-o a todos que *pensam* e *fazem* da catequese *caminho para o discipulado.*

Fundamentado nos estudos da Psicologia e da Pedagogia e de acordo com as linhas fundamentais da catequese a partir do Diretório Geral e Nacional da Catequese, o presente subsídio

---

[1] De acordo com o Estatuto da Criança e do Adolescente, Lei n. 8.069, de 13 de julho de 1990, o período da infância se estabelece dos 0 aos 12 anos de idade.

também permite a organização de um roteiro de trabalho que favorece importantes e bonitas descobertas, uma vez que *ao reunirmos as crianças, temos a responsabilidade de mediar situações que favoreçam suas explicações sobre o mundo, valorizando seus pontos de vista, sem constranger-lhes a espontaneidade.*[2]

Seu diferencial encontra-se na própria consonância com as diretrizes que orientam as ações educacionais,[3] particularmente no que se refere ao desenvolvimento das habilidades e competências inerentes ao desenvolvimento da criança a partir dos seis anos. Nesta idade, é possível adentrar o universo infantil de modo a garantir que as crianças expressem sentimentos, pensamentos e atitudes espontaneamente, além de favorecer a maturidade e a autonomia diante do maravilhoso mundo da leitura e da escrita[4] que começa a se constituir.

De acordo com o próprio Diretório Geral para a Catequese, é neste momento da vida – período no qual se destaca o trabalho da Catequese infantil (de modo comum chamada de *pré-catequese*) – que "[...] nascem preciosas possibilidades para a edificação da Igreja e para a humanização da sociedade".[5] Daí a necessidade de um processo catequético "eminentemente educativo, atento a desenvolver aqueles recursos humanos que formam o substrato antropológico da vida e fé, tais como o senso da confiança, da gratuidade, do dom de si, da invocação, da alegre participação [...]".[6]

Neste sentido, os encontros foram estruturados para acolher o universo afetivo e emocional próprio e criativo dessas crianças, pois sabemos que as formas como elas compreendem a Deus, dialogam com ele, realizam suas orações, conhecem a Jesus e

---

[2] GAY, R. C. *Códigos do universo infantil*. São Paulo: Paulinas, 2005. (Coleção psicologia e educação.)

[3] De acordo com os Referenciais Curriculares da Educação Infantil e com os Parâmetros Curriculares do Ensino Fundamental. Brasília: MEC – Ministério da Educação, 1997.

[4] De acordo com a Lei n. 11.274, de 6 de fevereiro de 2006, as crianças com seis anos se encontram matriculadas no primeiro ano do ensino fundamental, medida esta que favorece a socialização e a aprendizagem de acordo com as condições oferecidas pelo próprio desenvolvimento infantil.

[5] Cf. DGC (1997), 177.

[6] Id., 178.

nele testemunham, necessitam ser captadas e valorizadas. Desse modo, a catequese afirma o seu lugar por excelência ao afirmar as bases de um *aprendizado dinâmico da vida cristã que favoreça o seguimento de Jesus Cristo* (cf. DNC, n. 40a) e que *desperte para o compromisso missionário com a ação sociotransformadora à luz da Palavra de Deus e dos ensinamentos da Igreja* (cf. DNC, n. 40g).

No mais, muitas são as experiências e, em cada uma delas, muito nos alegrará incentivar novas práticas e fazer adultos voltarem a ser crianças. Será com tais atitudes que sentiremos o dever cumprido, sabendo que frutos foram degustados e que sementes foram plantadas para que nossos pequeninos possam participar com autonomia e prazer, tornando-se adultos maduros na fé.

PLANEJAR A CAMINHADA

INICIAÇÃO À VIDA

Como a própria palavra "Iniciação" já expressa algumas considerações, podemos enumerar definições que nos ajudarão a compreender este fenômeno tão importante na história da humanidade.

Primeiramente, propomos a você que se prepara, a partir do estudo deste itinerário, a seguinte questão:

O *que é ser iniciado?*

> Reflita, busque no dicionário o seu significado, resgate alguma experiência e elabore uma definição para que você possa constituir uma ideia concreta e seguir adiante.

Num grupo de formação de catequistas é sempre bom apresentar ideias para que sejam aprofundadas e façam parte da concepção de trabalho do grupo. Neste sentido, observe as considerações de um grupo de catequistas ao refletir a mesma questão:

> Ser iniciado é começar a aprender alguma coisa, mas, também, pode ser um momento que exige maturidade, consciência, autonomia, no qual a pessoa tenha que decidir sobre o que fazer. No mais, concordou-se que a Iniciação exige a troca de experiências entre aquele que se torna responsável por mediar situações e um outro que deste depende para poder amadurecer.

Valiosas pesquisas nos ajudam a entender que existem variados tipos de *iniciação*, desde a iniciação religiosa, passando pela iniciação à vida adulta e à vida social.[1] Apresentam a descoberta de um mundo novo, desconhecido, que se revela em um ritual que o torna possível, acessível. São os chamados *ritos de passagem*, que marcam o início da vida nova e, consequentemente, a constituição de um novo ser.

> **Para pensar**
>
> Em nossa vida muitas situações ocorrem e nos modificam. Elas foram expressões de ritos de passagem por vezes sofridos e tristes de serem lembrados. Por reconhecermos a importância para definição de quem somos hoje, é um bom exercício resgatar na memória algo que tenha motivado uma mudança de vida, a pensar de forma diferente, a agir com mais consciência e maturidade.

Sabemos que em todas as fases da vida acontecem sinais que revelam a necessidade de uma nova atitude, de um outro olhar sobre o mundo, sobre os outros e sobre nós mesmos, o que na infância não é, e nem poderia, ser diferente.

Com as crianças a Iniciação acontece sob variados aspectos, desde sua maturação biológica, até seu desenvolvimento cognitivo e inserção no convívio sociocultural.

No crescimento e desenvolvimento do corpo, atitudes como andar e falar são grandes caminhos de descobertas e de realizações. Necessariamente, superam barreiras e encontram outras, amadurecendo e firmando atitudes e valores para toda a vida. Sua estrutura cognitiva se manifesta na forma como pensam e se relacionam com o outro e com o mundo, adquirindo maturidade nas experiências por elas vivenciadas. A partir dos seis anos configura-se mentalmente um mundo imaginário que se situa dentro de uma realidade, elaborando hipóteses que chamam muito a atenção. Conceitos curiosos são assumidos de forma lúdica, fantástica e simbólica, de acordo com o universo da criança.

---

[1] Cf. LELO, A. F. *A iniciação cristã*; catecumenato, dinamismo sacramental, testemunho. São Paulo: Paulinas, 2005.

Socialmente, as crianças participam de eventos familiares e escolares, os quais afirmam comportamentos e valores à personalidade. Estão envolvidas em um vasto campo de situações e de relações, no qual recebem forte influência dos meios de comunicação. Assistem a diversos programas de TV, ouvem músicas, dançam, brincam, "ficam de mal e de bem", choram, riem, são sinceras, tímidas e expansivas. Por outro lado, diante de uma dura e cruel realidade, muitas trabalham, ajudando no sustento da família, e tantas outras presenciaram conflitos que marcam fortemente sua maturidade emocional. Gradativamente, as crianças realizam descobertas e, de modo peculiar, a religiosidade toma forma, manifestada tanto pelo seu imaginário quanto pelo que a família, a Igreja, a escola e os meios de comunicação têm a oferecer.

A VIDA CRISTÃ

Ser iniciado na vida cristã tem por expressão máxima o momento em que, pela água, afirma-se a própria perfeição fundada na fé. Trata-se do Batismo, que, de acordo com o Catecismo da Igreja Católica, é definido como "fundamento de toda a vida cristã, o pórtico da vida no Espírito e a porta que abre o acesso aos outros sacramentos. Pelo Batismo somos libertados do pecado e regenerados como filhos de Deus" (CIC, n. 1213).

Em nossas realidades, encontramos muitas de nossas crianças que, logo após o nascimento, foram batizadas. Seja por suas famílias reconhecerem o valor sacramental desta acolhida pela comunidade de fé e se responsabilizarem pela sua educação da fé, seja por simplesmente seguirem a "tradição". Outras, no entanto, não foram batizadas e, ao tornarem-se membros de um grupo de iniciação à vida cristã, precisam ser sensibilizadas junto às suas famílias para assumirem este sinal de pertença ao Cristo Ressuscitado.

Há ainda o desafio de superar o impasse da catequese de iniciação por etapas, que levou à separação dos três sacramentos: Batismo, Confirmação e Eucaristia. A mútua referência que existe entre eles leva-os a serem considerados a base sob a qual se constitui a identidade do cristão. O cristão é um ser incorporado a Cristo e participante de sua missão no mundo. Tais etapas supõem um caminho progressivo de educação da fé e o processo de Iniciação Cristã coloca-se como um caminho a ser percorrido quando tal identidade vai sendo alcançada.

A VIDA CRISTÃ DOS PEQUENINOS

Instituída no Batismo, a iniciação à vida cristã se constitui na própria adesão pessoal a Cristo, assumida com o apoio dos familiares e de toda a comunidade eclesial. Uma vez que a eles se confere o cuidado com a educação da fé, particularmente dos pequeninos, todos se tornam reconhecidamente seus catequistas e necessitam estar atentos a todas as suas conquistas e necessidades ao longo do processo.

Neste sentido, quem melhor do que a família para promover, com dignidade e fidelidade, a experiência de Deus? Consequentemente, isto exige uma maturidade que necessita ser alcançada à medida que a criança vai sendo motivada a experienciar e compreender o sagrado, acolhendo o seio da vida familiar como berço de vida e fé.

Fé e confiança são conquistadas a cada descoberta realizada pela criança que, livremente, lança mão de significados que justificam fenômenos, ações e pensamentos. Constituem uma espiritualidade sem medo, na qual Deus é um amigo, e não um castigador e opressor de vontades.

Para pensar

Um dia, num dos encontros, conversávamos com as crianças sobre a chuva. Muitas já tinham estudado algo na escola e apresentaram conceitos como a "evaporação", de modo bastante compreensivo, assim dizendo: a água sobe, sobe, sobe, fica lá em cima e depois cai e faz chuva. Perguntamos se mais alguém poderia dizer algo sobre a chuva, ao que uma das crianças, olhando para o alto e com toda a convicção, disse: a chuva é o choro de Deus.

A criança que confia também possui um desejo natural de explorar os mistérios do universo que a cerca, de compreender os significados que eles têm para a sua vida.[2] As práticas de fé são compreensíveis na medida em que possibilitam à criança sentir o que nelas se manifesta, valorizando, sobremaneira, suas observações.

Vivemos novos tempos e sobre as crianças nesta fase da vida muito foi descoberto. Contamos com as importantes colaborações da Pedagogia e da Psicologia, áreas especializadas na compreensão do desenvolvimento humano, e com o próprio Diretório Nacional de Catequese.[3] Com base nesses estudos, apresentaremos quem são estes pequeninos, em que etapa da vida se encontram, desvendando o universo das suas potencialidades e os desafios a serem superados.

A CRIANÇA A PARTIR DOS SEIS ANOS DE IDADE

Lançamos um olhar curioso e cheio de expectativa sobre essas crianças, valorizando suas interações e explicações sobre o mundo. Superamos a ideia da criança enquanto um "ser vazio" ou como "adulto em miniatura" e iniciamos um processo de fortalecimento das suas potencialidades, compreendendo-a na dinâmica de um contexto sociocultural no qual ela reage e manifesta seus gostos e desapontamentos, afirma opiniões, infere e elabora hipóteses.

Atentos a isso e com base nas pesquisas realizadas por Jean Piaget e Lev Vygotsky,[4] Maria Montessori,[5] Tiziana Aureli,[6] Rolando Martiña[7] e Rita Cialfi Gay,[8] podemos traçar o seguinte quadro:

---

[2] Cf. GAY, R. C. *Códigos do universo infantil*. São Paulo: Paulinas 2005. pp. 143-148.

[3] Cf. capítulo 6, Destinatários como interlocutores no processo catequético.

[4] Grandes estudiosos nas áreas da epistemologia do conhecimento e da aprendizagem, responsáveis pela compreensão aprofundada das bases psicológica e educacional humana.

[5] Educadora e médica italiana que buscou defender o respeito às necessidades de cada criança, de acordo com os estágios de desenvolvimento correspondentes a sua idade. Cf. ACOFOREC – Associação Colombiana para a Formação Religiosa Católica. *O potencial religioso da criança*. São Paulo: Paulinas, 2008. (Coleção Deus e a criança.)

[6] Cf. AURELI, T. *A observação do comportamento da criança*. São Paulo: Paulinas, 2005. (Coleção psicologia e educação.)

[7] Cf. MARTIÑA, R. *O que fazer com as crianças?*; Educação convencional: um programa para adultos. São Paulo: Paulinas, 2005. (Coleção psicologia e educação.)

[8] Cf. GAY, R. C. *Códigos do universo infantil*, cit.

Características	A partir dos seis anos
Pensamento	A variedade de estímulos é importantíssima para o seu desenvolvimento intelectual. A curiosidade a leva a interagir com facilidade e tem muitas habilidades cognitivas desenvolvidas, que, com o passar do tempo, afirmam autonomia em seus sentidos e na comunicação. É capaz de representar mentalmente objetos ausentes, o que lhe permite iniciar a utilização de símbolos. Capta situações em sua mente e guarda imagens refletidas a partir das experiências vivenciadas. Elabora explicações e se convence facilmente sobre o que lhe é dito. Possui dificuldade na tomada de decisões, quando tem que escolher entre possibilidades.
Linguagem	Seu vocabulário é bastante rico. Está sempre falando (um exemplo disso é quando está brincando). O sentido do outro, o bom funcionamento da audição e da fala e o desejo de comunicar são elementos essenciais para que ela se desenvolva.
Imaginação	A imaginação está fortemente ligada a elementos fantásticos e à realidade que a rodeia, e acredita fielmente no que lhe é contado. Adora histórias exageradas e nelas mantém grande atenção.

Processo de aprendizagem	Gosta de desenhar: seus primeiros rabiscos e garatujas vão evoluindo para esquemas e representação da realidade, do modo mais completo possível.
Percebe que há uma ordem e uma relação entre as coisas e as atitudes, adquirindo segurança nas realizações.
Momento ideal para iniciar os estudos, porém, com base em experiências concretas.
Capta, percebe e absorve a imagem das coisas utilizando seus sentidos, instrumentos de sua inteligência.
Quer conhecer tudo através de seus sentidos, quer pegar e explorar tudo o que lhe proporciona conhecimento e adaptação.
Personalidade	São estabelecidas as bases de toda a estrutura psíquica do ser humano que a acompanharão por toda a vida.
Começa a compreender a si mesma e já não se contenta em reproduzir modelos. Cria e aprecia posturas.
Autonomia	Expressa necessidade da independência, de fazer as coisas por si mesma, sem que um adulto interprete ou realize seus desejos.
Afirma aceitação e satisfação.
Moralidade	Os valores morais são os de seus pais. A criança nesta idade compreende a definição de um ato por "certo" ou "errado" de acordo com as consequências, e não por simples abstração do que pode ou não pode fazer.
Sexualidade	Assume sua identidade sexual.
Volta-se para aquisição de habilidades e valores sociais e culturais.

Comportamento	Com a socialização bastante enriquecida, procura aceitar a participação do outro e se organiza em pequenos grupos.
	Incorpora gestos, expressões e linguagens de acordo com o ambiente em que se encontra.
	Necessita estar em constante atividade, uma vez que suas ansiedades em conhecer e construir estão em evidência.
	Por meio do movimento, interage com o outro e com o ambiente.
	Afirma a importância de seu corpo e de sua consciência sobre ele na relação com o mundo.
Potencial religioso	Baseia-se na escuta do seu mundo e de sua imaginação, uma vez que a relação com Deus é algo revelado por ela própria.
	Manifesta curiosidade e gosta de conhecer as histórias e participar dos gestos rituais, os quais exercem grande fascínio.
	Sua autonomia e dinamismo apresentam expressões marcadas pela sinceridade, encantadas por um relacionamento com Deus gratuito e criativo.
	Compreendem com facilidade o significado do transcendente, como se não houvesse barreira entre o visível e o invisível.

Consequentemente, saber como a criança pensa, conhecer a estrutura da sua linguagem, da sua imaginação e do seu processo de aprendizagem, bem como ter clareza na constituição da sua personalidade, do nível de autonomia e de dependência que refletem na construção da moralidade, da sexualidade, dos comportamentos e no próprio desenvolvimento do seu potencial religioso, requer atenção e disposição para um encontro que faremos tanto com as crianças quanto com nós mesmos, uma vez que passamos por essa fase da vida e sabemos o quanto ela nos remete às mais variadas recordações.

> **Para pensar**
> Chega o momento de resgatarmos em nossa infância o modo como nos comportávamos, reagindo ao mundo que nos envolvia. Quais experiências nos foram marcantes a partir dos nossos seis anos de idade?

Como bem afirmamos, esta é uma fase da vida em transição, na qual é possível observar, a partir da compreensão dessas características, que desde o nascimento estão presentes as mais diversas experiências. Elas se traduzem em elementos positivos e significativos para um desenvolvimento pleno e, caso isto não ocorra, encontramos dificuldades que exigirão o planejamento de um trabalho que atenda às necessidades destes pequeninos para que possam alcançar com maturidade a sua iniciação à vida cristã.

Sabendo quem são esses pequeninos, necessitamos agora pensar no que fazer uma vez descobertas as peculiaridades deste processo de iniciação à própria vida e à vida cristã. Chega, portanto, o momento de o catequista desenvolver uma formação coerente com as capacidades manifestadas por essas crianças, dinamizando um processo de educação da fé que, ao mesmo tempo, potencialize a linguagem, a criatividade, a sensibilidade, a autonomia, o comportamento, os valores, a personalidade e o pensamento desses pequeninos.

Sigamos para o contexto da formação, do planejamento e da metodologia aqui propostos.

FORMAÇÃO DO CATEQUISTA

> **Para começo de conversa**
> Por que sou catequista e quais são as minhas motivações na missão de iniciar os pequeninos na vida cristã? Neste momento, os catequistas necessitam ter bem claras as próprias motivações ao assumir a missão. Compartilhar experiências, desafios e aspirações é o primeiro passo para que o grupo sinta-se motivado a adentrar tão vasto e rico universo eclesial.

Essas crianças esperam algo de nós, e o que temos a oferecer? Como nos preparamos para acolhê-las? Queremos estar com elas? Temos o pique necessário para acompanhá-las? Somos capazes de responder ao que nos perguntam? Como bem ilustra o Pe. Zezinho em uma de suas canções:

> Um dia uma criança me parou,
> olhou-me nos meus olhos a sorrir.
> Caneta e papel na sua mão,
> tarefa escolar para cumprir...
> E perguntou no meio de um sorriso,
> o que é preciso para ser feliz.[1]

Por ser uma etapa muito importante, ela se torna um convite para a realização de uma análise sobre as condições da formação, *tanto assumida pelo catequista quanto a ele oferecida*. Muitas são as realidades nas quais nos encontramos e, consequentemente, muitas também são as necessidades e conquistas realizadas, o que faz este momento ser cuidadoso e ao mesmo tempo desafiador.

---

[1] PE. ZEZINHO. Amar como Jesus amou. In: *12 sucessos*. São Paulo: Paulinas-COMEP, 2009. 1 CD.

Para auxiliar na realização desta tarefa, elencamos itens aos quais cabe ao catequista perceber como se fazem presentes tanto na prática de formação do grupo quanto na dinâmica assumida por ele. Isso demanda consciência pessoal e exige mudança de posturas, bem como maturidade para reconhecer o quanto já se sabe e o quanto ainda é necessário saber, o que precisa mudar e o que precisa permanecer.

Analise:

- Ser catequista por obrigação, por não ter outra coisa para fazer ou por vocação?

- Conteúdo da fé: caminho a ser construído ou regras a serem depositadas na cabeça e cumpridas?

- Estudo bíblico: é necessário ou não é possível ser realizado com crianças nesta idade?

- Oração: conversa com Deus ou repetição de fórmulas?

- Encontros de formação e troca de experiências ou aula?

- Planejamento dos encontros com as crianças ou mera aplicação do "livrinho"?

- Deus revelado ou imposto de acordo com uma visão adulta?

- Família: primeira catequista ou desestruturada?

- Práticas de fé para manter a tradição ou experiências para amadurecer a cada dia?

- Formação permanente ou realização de encontros sem objetivos claros?

- Conhecimento da mensagem cristã ou mera assimilação de doutrina?

- Vida-testemunho ou vida de aparências?

- Igreja-comunidade ou mais uma das muitas instituições?
- Espiritualidade ou superstições?
- Problemas sociais assumidos e discutidos ou desconsiderados?

Não basta ao catequista deter o conteúdo da fé e depositá-lo nas mentes dos catequizandos, muito menos nessa idade. Exigir que as crianças sentem, escutem, não questionem e forçá-las a imitar falas e expressões não favorecem o trabalho e ocasionam um grande desencontro com a própria essência da iniciação à vida cristã. Cada nova turma exige aprimoramento, dinamismo e o despertar de criatividades que, muitas vezes, nem mesmo sabíamos ser capazes de realizar.

Na descoberta o catequista se descobre como educador da fé, afirma-se no seio da comunidade. Desafiado e motivado, busca uma formação permanente e nisso se constitui a maturidade cristã do testemunho da vida pessoal na identidade de fé. Realizado humana e espiritualmente, o catequista assume sua vocação de anunciador do Evangelho e, bem formado, se dirige à comunidade para celebrar, participar e preparar os encontros, algo imprescindível.

O catequista busca livros, vídeos, cursos e formações periódicas, de modo a garantir a realização de um trabalho bem fundamentado e atualizado. Renova sua espiritualidade com orações cada vez mais profundas, meditações e trocas de experiências inspiradoras. Realiza tudo isto na urgência de uma catequese viva, com agentes criativos e abertos a novas perspectivas, coerentes com as necessidades.

Mas será que isto realmente acontece?

Para que isto aconteça, a formação do catequista deve ter por base a leitura e o estudo aprofundado.

Fundamentar-se para anunciar a fé e trocar experiências com seus pares, participar das reuniões e encontros de formação, estar aberto às discussões e novas propostas não é uma tarefa fácil e não pode ser algo imposto por alguém que pensa ter este direito.

Aberto às expectativas do trabalho catequético e compreendendo que sua vocação o configura na pessoa do Cristo que acolhe os pequeninos, o catequista deve ser motivado para que no trato desta fase da vida:

- *Se torne sensível* ao que a criança apresenta: valorizar a forma como ela pensa e realiza o proposto.

- *Reflita* sobre o que a criança fala e faz, conversando com ela e compreendendo seus pensamentos e atitudes.

- *Adentre o universo infantil*, voltando a ser criança. Agir com a maturidade e simplicidade sobre as quais a criança deposita confiança.

- *Transmita de forma lúdica e segura* o trato com o conhecimento, apresentando o conteúdo da fé como algo possível de ser conhecido, refletido e construído.

- *Planeje atividades* que considerem o tanto que a criança já sabe e o quanto precisa aprender.

- *Favoreça a construção de atitudes e de valores* por meio de experiências concretas sejam elas brincadeiras, jogos, danças, teatros, visitações, discussões em grupo, ilustrações etc.

De acordo com o catequizando, é necessário se preparar. Anos de experiência fortalecem o catequista para que, a cada turma, um novo desafio seja assumido e descobertas sejam realizadas. Necessariamente, compreender o catequizando é a chave para que o catequista possa trabalhar de modo a desenvolver-lhe as potencialidades e, consequentemente, as próprias.

A formação do catequista contempla três dimensões muito importantes: o *ser*, na qual se define a importância da construção da sua identidade do catequista; o *saber*, que consiste na identidade fortalecida pelo saber evangélico transformado em valores a serem professados na vida, e o *saber fazer*, pautado na organização e no dinamismo dos encontros.[2]

Ser, saber e saber[3] fazer expressam o dinamismo do catequista como discípulo e missionário de Jesus Cristo. O tripé da formação aprofunda o estudo da fé, tanto por gosto quanto por necessidade de compreendê-la e de buscar razões para crer.

---

[2] Cf. NUCAP. *Iniciação à Eucaristia*. Livro do catequista. São Paulo: Paulinas, 2008. nn. 18-20.
[3] Cf. DIRETÓRIO NACIONAL DE CATEQUESE. *O perfil do catequista*. São Paulo: Paulinas, 2006. nn. 261-277k. (Documento da CNBB 84.)

PLANEJAMENTO

Como já foi afirmado, é imprescindível o planejamento do trabalho a ser realizado, e cada um de nós, ou dos grupos que participamos, organiza o trabalho de uma determinada forma. Isto necessita ser assumido.

Afirmada a importância do conhecimento sobre as particularidades do catequizando e determinada suas especificidades na formação do catequista, devemos ficar atentos aos temas a serem trabalhados, aos objetivos a serem alcançados, à linguagem a ser desenvolvida, às atividades a serem propostas e aos recursos a serem utilizados, bem como à definição de uma avaliação necessária para que etapas sejam vencidas e outras, conquistadas.

É preciso ter bem claro que o conhecimento sobre o catequizando é fundamental para que o trabalho aconteça. Por isso reafirmamos a importância de um estudo aprofundado sobre as características do seu desenvolvimento. Nelas, todo o conjunto educacional toma forma e será possível atender às expectativas de iniciação à vida cristã destes pequeninos.

TEMAS E CONTEÚDOS

Para a organização do planejamento da ação catequética, são apresentadas cinco unidades temáticas bem específicas, fundamentadas e organizadas na composição de um itinerário de fé. Elas integram anúncio, celebração e vivência do mistério da fé ao momento em que as crianças necessitam adquirir valores e convicções que orientem a sua existência.

Cada uma das unidades, por sua vez, é composta de cinco temáticas que valorizam a realidade do catequista e de seu grupo, possibilitando ajustes a partir do proposto, o que é muito bom. São elas:

UNIDADE I – Olha eu aqui!

Eu entrei na roda...

1. Ser criança
2. Ter família
3. No dia a dia...
4. Aprender a ser
5. Quero ser...

UNIDADE II – Eu com os outros

Oi bota aqui, oi bota aqui o seu pezinho...

6. Preciso de ti
7. Cada um tem o seu jeito
8. O mundo é cheio de gente
9. Aprender a conviver em comunidade
10. O lugar onde vivo

UNIDADE III – A vida que temos

Era uma casa muito engraçada...

11. Como vivo
12. Do que sinto falta
13. O que não pode faltar
14. Aprender a viver
15. Problemas e soluções

UNIDADE IV – Descobertas e curiosidades

Se esta rua, se esta rua fosse minha eu mandava...

16. Sobre a criação

17. Sobre quem somos e o que fazemos
18. Meus porquês
19. Aprender a pensar
20. O mundo dos símbolos

UNIDADE V – A vida cristã
Noite feliz, noite feliz...
21. Conhecendo alguém muito especial
22. Os ensinamentos de Jesus
23. Histórias bem contadas
24. Aprender a crer
25. Ser Igreja

Finalizando, a cada unidade também são apresentadas sugestões de encontros com os familiares, dinamizando o processo formativo do educando na fé, bem como de celebrações que afirmam a unidade catequese-liturgia, tão necessária à formação plena dos catequizandos.

Cabe ao catequista a organização de um planejamento que afirme a identidade do seu trabalho. Cada encontro se traduz em muitas possibilidades e o que apresentamos são subsídios a serem ampliados com as ideias e experiências do grupo.

OBJETIVOS

Cada unidade apresenta objetivos articulados no estudo de cada tema, assim definidos:

- Proporcionar à criança conhecimento dos elementos que constituem a sua identidade, desenvolvendo atitudes de interesse e de cuidado com ela mesma e com o próximo.

- Construir bases sólidas sobre o valor da família, berço das primeiras aprendizagens.

- Valorizar a existência do outro e as trocas de experiências com ele realizadas, ampliar sua socialização, afirmando-a na vivência dos valores cristãos.

- Apresentar e vivenciar os valores cristãos de modo prático, refletindo-os nas experiências de vida.

- Sensibilizar o olhar sobre o aprender a ser, expresso nas atitudes e nos valores presentes na vida.

- Ampliar as possibilidades de expressão e de comunicação, valorizando o olhar da criança sobre o mundo.

Linguagem

Devemos conversar com as crianças, motivando-as a se expressarem oralmente. Para elas, a fala é um campo de domínio comum e por meio dela expressam ideias, lançam questões, afirmam hipóteses e demonstram quanto a maturidade está desenvolvida. Muitas são tímidas e outras, muito falantes. Cabe ao catequista mediar situações nas quais as crianças possam captar ideias e tornar a fala um recurso para sua aprendizagem.

Atividades

Por serem falantes e "movidas a todo vapor", precisam de atividades diversificadas, que possibilitem expressões verbais, visuais e corporais de variados níveis e estilos. Precisam ter educada a sensibilidade, o autocontrole, o silêncio, o tom da voz, a atenção à própria rotina para dela poder se apropriar. São muitos os temas sobre os quais as crianças se interessam e a organização das atividades deve, progressivamente, proporcionar:

- a realização do trabalho de forma integrada e coletiva;

- a valorização das potencialidades individuais;

- a garantia da expressão verbal, ajudando a criança a organizar o pensamento;

- o desenvolvimento de registros por meio de desenhos, escritas, apoiados pelo catequista – já que se trata de uma fase em processo de alfabetização –, considerações orais, apresentações de vivências;

- a realização de experiências;

- a troca de informações em rodas de conversa;

- a leitura realizada com elas, por elas e para elas;

- a confecção de murais;

- a organização de teatros, jograis, coral, danças;

- a realização de retiros espirituais de modo a aguçar os sentidos;

- contato com elementos naturais;

- realização de excursões, passeios, visitas a pessoas e lugares;

- a participação nas práticas de fé – romarias, rezas e festejos.

Recursos

Os mais variados recursos devem possibilitar a manipulação e confecção de materiais nos quais as crianças possam compreender concretamente os seus objetos de estudo.

É fundamental que as crianças possam ouvir, falar, concordar, discordar, recortar, colar, amarrar, pintar, pesquisar... Trazer folhas prontas para que elas preencham não lhes possibilita uma compreensão profunda sobre o que realizam. Devemos, sim, confiar na autonomia do grupo e nas potencialidades de cada um, ajudando na descoberta do que podem fazer para construir coletivamente.

Avaliação

As crianças nesta fase da vida expressam por meio de todos os sentidos as suas aprendizagens. Não apresentam o que conseguiram e o que não conseguiram aprender num determinado momento, mas, sim, a todo o momento. Pensar em avaliação na catequese é propor uma revisão constante das propostas, de modo que elas possam ser reestruturadas para garantir o alcance dos objetivos a cada unidade temática proposta.

METODOLOGIA

Neste momento surge a preocupação com o modo de fazer e, consequentemente, com o modo de ser da iniciação dos pequeninos à vida cristã.

Afirmamos que não basta *transmitir* o conteúdo da fé. Reconhecemos ser ele a fonte da qual emergem as experiências da iniciação à vida cristã, da mesma forma como também sabemos da necessidade de *meios* para que ele seja vivenciado e compreendido.

É preciso *ter jeito* no trabalho com as crianças, conquistar o seu carinho e confiança para que a mensagem cristã toque-lhes o coração. Este *jeito*, ao qual nos referimos, se configura na própria acolhida e desejo de estar junto com estes pequeninos, na dedicação a ensinar-lhes e com eles aprender, na certeza de que discípulos missionários estão sendo formados e que tudo deve ser muito bem dito e preparado em vista de uma consciente adesão ao Cristo, na medida certa do que as crianças precisam saber.

Considerações sobre os recursos a serem utilizados, os objetivos da aprendizagem, a interação/integração proporcionada ao grupo, por exemplo, são abordados a cada encontro, esclarecendo aos catequistas as práticas e concepções a serem assumidas passo a passo. Nisto se baseia a metodologia aqui assumida: propriamente na manifestação de uma atenção muito especial sobre a maneira de ensinar que cristãmente se manifesta em cada um de nós.

Plano de desenvolvimento catequético

Cabe ao grupo de catequistas, junto à coordenação, definir o plano de desenvolvimento catequético do grupo, considerando com bastante atenção:

1. Os catequizandos: faixa etária, formação dos grupos, estudo de suas características psicológicas, principais necessidades, o que já sabem fazer e o que precisam aprender.

2. Os estudos: aprofundamento dos estudos do catequista sobre o itinerário – seus temas, orações, cânticos, dinâmicas, vivências e celebrações – e outras fontes a serem utilizadas.

3. A duração do processo: o trabalho de iniciação à vida cristã dos pequeninos apresenta uma particularidade interessante: considera a fase do desenvolvimento na qual a criança se encontra, ou seja, a partir dos 6 anos, uma vez que as atividades são propostas para o modo como ela sente e expressa o mundo à sua volta.

4. A prática dos encontros: de modo que o catequista possa desenvolvê-lo com autonomia, garantindo identidade ao seu trabalho e sobre o qual a criança tenha total participação.

5. A avaliação: momento em que o grupo de catequistas se reúne para conferir o que foi feito e o próximo passo a ser dado. Para tanto, é necessário acompanhar o trabalho durante um determinado período, seja a cada mês, bimestre ou semestre, com momentos específicos de formação, tais como:

- Planejamento dos temas a serem estudados, bem como da didática a ser aplicada nos encontros.

- Trocas de experiências.

- Avaliação das conquistas e dos desafios.

- Participações na liturgia.

    Atuação junto às crianças, com interação entre os grupos (reunindo as comunidades da paróquia ou até mesmo entre paróquias) com a realização de gincanas, tarde de louvor, oficinas...

- Visitas em asilos, abrigos, hospitais, cemitérios, à casa de pessoas da comunidade...

- Organização de retiros e passeios.

- Acompanhamento individualizado, com conversas na qual a criança possa dizer o que sente, deseja, receia.

Didática dos encontros

Cada unidade temática se encontra dinamizada com propostas de atividades que possibilitam a participação das crianças de acordo com as suas potencialidades.

Nesse sentido, apresentamos o seguinte roteiro:

- Materiais: com a relação dos objetos e materiais que serão utilizados no encontro.

- Preparando o ambiente: com orientações sobre a forma como o local do encontro deve ser organizado a partir da temática de estudo.

- Acolhida: com sugestões que valorizam a presença das crianças e dos catequistas junto ao grupo.

- Oração: com motivações à vivência e expressão da fé, baseada no contexto de estudo.

- Vivência: prática voltada para a contextualização da vida a partir da própria compreensão dos valores da vida cristã.

- Reflexão sobre o tema: oportunidade para que as crianças possam apresentar ideias, aprofundar a compreensão e serem acolhidas e orientadas pelo catequista em suas observações.

- Partilha: ocasião para a troca de experiências.

- Compromisso: momento em que todo o grupo se compromete com a realização de um gesto concreto, em vista da atuação na vida da comunidade.

- Celebração: momento de agradecimento pelo encontro realizado.

Sugerimos atividades complementares, a serem analisadas e realizadas da melhor maneira possível, de acordo com as possibilidades do ambiente no qual o grupo se encontra. Ao grupo de catequistas, afirmamos a importância de uma sequência de ações que favoreçam a participação das crianças, ampliando o rol de atividades propostas o quanto for necessário. O presente subsídio expressa a crença no potencial dos catequistas ao planejarem o seu trabalho.

Livro do catequizando e das famílias

Aos catequizandos, apresentamos um material interativo, composto de atividades que poderão ser desenvolvidas individualmente, em grupos e com a família. Nele serão valorizados os seus conhecimentos e acolhidas as suas expectativas em relação à fé que motiva a caminhada.

À família, primeira catequista por excelência, por sua vez, oferecemos subsídios que auxiliarão na realização do seu trabalho. Desta forma, será possível a análise da sua estrutura, seus pontos positivos e os desafios a serem superados, buscando uma convivência saudável no seio familiar, longe das discussões, das brigas, das drogas, das separações, das angústias e das imprecisões que tanto afetam o desenvolvimento infantil.

UNIDADE I

Olha eu aqui!

Eu entrei na roda...

1º encontro

SER CRIANÇA

Objetivo
Valorizar a criança, conscientizando-a da importância da sua presença e participação.

Materiais
Jogos/brinquedos; cartazes com imagens cotidianas, envolvendo crianças; velas; crachás; fitas coloridas; papel sulfite ou cartolina; lápis de cor ou canetinhas coloridas; lanche.

Preparando o ambiente
Deixar os brinquedos/jogos à disposição: bola, corda, amarelinha, pião, carrinho, boneca.

Colocar músicas infantis (som ambiente).

Decorar a sala com os cartazes.

Acender a vela em lugar seguro e visível.

Acolhida
À chegada das crianças, o catequista deseja-lhes boas-vindas. É importante dirigir-se às crianças olhando em seus olhos e afirmando a alegria da presença delas.

É entregue a cada criança um crachá com o nome e uma fita colorida, que deverá ser amarrada no pulso.

Livremente, as crianças escolhem o que jogar/brincar até que todos cheguem.

As famílias podem ser convidadas para participar, desde que deixem as crianças agirem com autonomia.

Oração

O som é desligado. Com o grupo presente, o catequista convida as crianças para que se reúnam ao seu redor. Com alegria, as crianças são cumprimentadas como grupo, um grupo de catequese. As crianças são convidadas a darem as mãos. O catequista novamente agradece a presença delas, pedindo que cada uma diga o nome para que todos ouçam. O catequista reforça que a presença de cada um é muito importante e que um deve ajudar o outro para que todos possam fazer muitas coisas e aprenderem juntos. Ainda de mãos dadas, todos proclamam:

Obrigado, Senhor, por estarmos aqui! Somos tuas crianças e com alegria estamos aqui!

Vivência

As crianças são orientadas a sentar e refletir:

> É bom ser criança?

Cada criança é convidada a dar sua opinião e justificá-la, e todas são orientadas a prestar bastante atenção para compreender o colega. Quando questionadas, algumas crianças participam espontaneamente; já outras, até porque o ambiente é novo, ficam envergonhadas. Todas devem ser respeitadas em sua dinâmica diante do grupo, de querer ou não falar nesse momento.

> **Importante!**
> Algumas crianças podem dizer que *ser criança é algo ruim* e que gostariam de crescer logo para trabalhar e ganhar dinheiro para comprar o que quiserem. Se houver esse tipo de opinião, o catequista deve orientar todo o grupo para que perceba que nessa fase da vida muitas coisas boas podem acontecer e que é preciso vivê-las, de forma saudável e festiva, com a família e os amigos.

Reflexão sobre o tema

O catequista deve pedir ao grupo que observe os cartazes contendo imagens de crianças em diversas situações, tanto boas (brincando, comendo...) quanto ruins (alguém dando bronca, chorando...). Perguntar o que veem, se já passaram por alguma situação parecida. Explorar com o grupo as considerações, deixando que as crianças falem.

Para ilustrar, sugerimos as canções "Viva a criança", do CD Tra-la-lá vamos comemorar, *e "Tempo de criança", do CD* Palavras mágicas, *ambos de Paulinas-COMEP, que podem ser baixados no aplicativo de música.*

Partilha

Para melhor refletir sobre o assunto, propor que as crianças formem duplas, de acordo com a cor da fita colocada no pulso. Cada dupla ficará responsável por apresentar uma *coisa boa* de ser criança por meio de desenhos. O catequista dispõe para cada dupla canetinhas, lápis de cor e papel (cartolina ou sulfite) para a realização do trabalho. Os trabalhos prontos poderão ser afixados em painel, sob o título *É bom ser criança*, para que todos vejam.

Compromisso

Assim como no grupo de catequese, as crianças irão vivenciar muitas experiências, afinal, no dia a dia acontece muita coisa. O catequista deve solicitar que observem as mais diversas situações que envolvem a participação de crianças, como, por exemplo, em filmes, desenhos, novelas, na rua ou em casa, para serem apresentadas no próximo encontro.

Celebração

O catequista entrega uma vela para cada criança. Convida-as a se reunirem próximo à vela que se encontra acesa no ambiente do encontro. Pode perguntar sobre o objeto, onde já o viram, para que serve...

Simbolicamente se diz que cada criança é como uma vela que precisa ser acesa para ter vida. O que acende cada um de nós são as brincadeiras, a boa alimentação, a saúde, a escola, a família que temos. Cada criança acende a sua vela e agradece por algo que gosta muito, dizendo:

Nosso Deus, muito obrigado... (e cada criança diz o que lhe é importante agradecer e apaga a sua vela).

Todas são convidadas a compartilhar o lanche ao final do encontro.

Sugestão

O catequista pode fotografar as crianças e montar um painel sob o título Olha eu aqui! para expor à comunidade.

2º encontro

TER FAMÍLIA

Objetivo
Sensibilizar a criança sobre a importância da convivência familiar. Ajudar a criança a compreender a riqueza da sua presença no seio familiar, bem como de todos os seus membros.

Materiais
Fotos da família; painel para exposição das fotos; mesa grande coberta com toalha; vela (de preferência a mesma do encontro anterior).

Preparando o ambiente
Dispor as cadeiras de frente para o painel.

Arrumar a mesa com a toalha, para a disposição das fotos, e acender uma vela no centro.

Dispor uma imagem da Sagrada Família ao lado do painel.

Colocar músicas infantis (som ambiente).

Organizar uma cesta com doces variados.

Acolhida
Cada criança é recebida com um doce à sua escolha. O catequista solicita que as fotos trazidas sejam colocadas sobre a mesa, para que todos possam vê-las.

Oração
O catequista solicita às crianças que se disponham ao redor da mesa e que observem com bastante atenção todas as imagens. Enquanto isso, colocar uma música para tocar.

Sugerimos o uso da música "Oração pela família", interpretada pelo Pe. Zezinho.

Ao final da canção, o catequista solicita que cada criança recolha as suas fotos e diga:

Abençoa, Senhor, a minha também!

Vivência

O grupo é orientado a se sentar de frente para o painel vazio. O catequista pede que cada um apresente a sua família e, depois, que coloque as fotos no painel. Enquanto a criança fala, o catequista escreve uma legenda, que irá abaixo da foto. Isso vai mostrar para o grupo a importância do registro do que a imagem apresenta.

Reflexão sobre o tema

Terminada a apresentação (todas as fotos colocadas), o catequista convida as crianças a observar o painel. Diz que assim como elas, todas as pessoas têm uma família, composta de pai e mãe, só de mãe ou pai, de avó e/ou avô, e que essas pessoas são grandes exemplos em nossa vida. Com a família aprendemos o que fazer e também o que não fazer.

Partilha

Nesse momento, o catequista convida as crianças a observar a imagem da Sagrada Família. Perguntar a elas se já a viram, ao que ela se refere, se alguém conhece a sua história. O catequista deve valorizar a opinião das crianças e analisar as suas conclusões.

> Às vezes, as crianças realizam sensíveis interpretações:
> "É um menino com a mãe e o pai. Eu não sei quem é o meu pai."
> "A mãe dele gosta dele!"
> "Ele tem irmãos? Eu tenho 4!"

Compromisso

É importante resgatar com as crianças a alegria que um nascimento gera no seio familiar. Quando uma criança nasce, muitas pessoas oferecem presentes à família em comemoração. O catequista pode combinar com o grupo para dar presentes ao menino Jesus.

Celebração

O catequista volta com as crianças para o painel e a cada foto indicada o grupo novamente diz:
Abençoa, Senhor!

> **Importante!**
> Visitas às famílias devem ser programadas, transmitindo-lhes o valor da sua presença na comunidade. Os encontros são importantes tanto para a formação conjunta, troca de experiências, palestras com especialistas – psicólogos, educadores, assistentes sociais, médicos, enfermeiros etc. –, quanto para atendê-las no seu cotidiano, diante das suas conquistas e dificuldades.

3º encontro

NO DIA A DIA...

Objetivo
Aguçar o olhar da criança sobre o seu cotidiano, sensibilizando-a para um dia a dia organizado e dedicado a Deus.

Material
Objetos de uso infantil (roupas, sapatos, brinquedos, materiais escolares, DVDs, CDs, livros etc.).

Preparando o ambiente
Espalhar por todo o ambiente os diversos objetos de uso cotidiano infantil.

Organizar as cadeiras em círculo e, no centro, dispor uma toalha e a vela apagada.

Colocar músicas infantis (som ambiente).

Acolhida
À chegada de cada criança, o catequista deve orientá-la a andar pelo ambiente do encontro e ver o que tem nele.

Oração
O catequista reúne as crianças e, juntos, caminham pelo espaço. Orientar para que cada uma pegue um objeto e realize orações espontâneas.

Vivência
O grupo é convidado a sentar em círculo e apresentar o seu objeto, dizendo o que é e para que serve.

Reflexão sobre o tema

Realizada a vivência, o catequista conversa com as crianças sobre a importância das tarefas presentes no dia a dia. Durante o dia, acontecem muitas coisas e é necessário organização para que possamos fazer benfeito tudo o que nos é proposto.

Partilha

Feitas as considerações sobre o cotidiano, cada criança é orientada a realizar em casa com os familiares o registro, no Livro do Catequizando, da rotina, para ser apresentada no próximo encontro.

Compromisso

Reforçar a importância do dia a dia ser organizado e de que tudo o que é feito é abençoado por Deus.

Perguntar às crianças o que aprenderam e ouvir suas considerações.

Celebração

Os objetos escolhidos pelas crianças são dispostos em volta da vela, que deve ser acesa pelo catequista. As crianças proclamam em coro:

Que sempre tenhamos

O que comer

O que vestir

Com o que estudar

Com o que brincar

O que ler, ouvir e assistir.

Que aquele que não tem, tenha.

Que para aquele que tem, nunca falte.

Amém!

4º encontro
APRENDER A SER

Objetivo

Aprimorar o conhecimento da criança sobre a sua personalidade: quem e como ela é.

Material

Espelho (de preferência que possa refletir o corpo inteiro da criança).

Mesa para a exposição dos livros dos catequizandos sobre o registro da rotina diária.

Papel sulfite, canetas ou lápis colorido, fita adesiva.

Cesta com brindes (a ser definidos pelo catequista).

Preparando o ambiente

Colocar músicas infantis (som ambiente).

Dispor mesas e cadeiras em grupos.

Acolhida

As crianças expõem os seus trabalhos de registro da rotina diária. Devem observar o registro umas das outras e conversar sobre o trabalho. O catequista avalia o alcance da compreensão sobre a proposta de trabalho.

Oração

As crianças são orientadas a organizar uma fila para se olhar no espelho. Ao fazê-lo, devem dizer:

Obrigado, meu Deus, por quem eu sou!

Vivência

Organizar as crianças em duplas, dispor de materiais de desenho e pintura e solicitar que uma fique de frente para a outra para ser desenhada. Cada criança desenha o seu colega, identificando-o.

Reflexão sobre o tema

O catequista lança ao grupo o seguinte desafio:

É possível saber quem somos somente olhando no espelho?

O que o colega que nos desenhou sabe sobre nós?

Nesse momento, é importante ouvir as considerações das crianças e deixar que digam livremente o que pensam.

Ao catequista cabe a responsabilidade de orientar as crianças sobre a necessidade de conversarmos uns com os outros e de nos conhecermos. Somente assim poderemos aprender quem somos, e quem os outros são.

Partilha

As crianças são convidadas a se colocar em círculo para a atividade chamada Momento entrevista. O catequista sorteia o nome das crianças e as convida para responderem a cada uma das seguintes questões:

1. *Do que tenho medo?*

2. *Do que mais gosto?*

3. *O que mais quero?*

Realizada a apresentação, a criança é presenteada com um brinde.

Compromisso

Lembrar cada criança da importância de realizar o registro da atividade para ser apresentado no próximo encontro e de convidar um familiar para ajudá-la na realização da tarefa.

Celebração

O catequista organiza um círculo com as crianças e convida uma delas para ficar no centro. Todas as outras crianças presentes no círculo dão as mãos e realizam um grande abraço coletivo sobre a criança que está no centro e fazem um pedido de agradecimento a Deus por essa vida tão preciosa.

> Sobre essa temática, o catequista pode explorar a diversidade dos contos de fadas para motivar a compreensão das crianças sobre a própria existência. Elas têm nas personagens grandes referenciais e estas auxiliam, sobremaneira, na educação dos valores e das atitudes.

5º encontro

QUERO SER...

Objetivo
Aguçar a criatividade e a compreensão da criança sobre o que ela deseja ser.

Material
Brinquedos diversos; faixas com a expressão: *Quero ser...*; fichas contendo o nome e a ilustração de várias profissões; fita adesiva.

Preparando o ambiente
Fita adesiva.

Dispor os diversos brinquedos em um espaço amplo.

Acolhida
As crianças são orientadas a brincar até que todas estejam presentes.

Oração
O catequista reúne o grupo em um círculo e pede às crianças que coloquem a mão esquerda no ombro do colega ao lado e a mão direita sobre o coração. Solicita às crianças que se concentrem e que pensem em como é bom brincar e ter amigos com quem brincar, agradecendo a Deus *o ombro amigo e o grande coração que temos, onde sempre cabe mais alguém!*

Vivência
O grupo é convidado a se sentar e a prestar bastante atenção às orientações da atividade. O catequista mostra às crianças as

fichas – previamente confeccionadas como no modelo indicado – e explica-lhes que em cada uma existe a imagem de determinada profissão. Cada criança sorteia uma ficha que será pregada às suas costas com fita adesiva sem que ela veja.

Entendidas as orientações, o grupo é convidado a fazer uma fila em frente do catequista para que o combinado seja realizado. Cada criança retorna ao seu lugar no círculo a espera até que todos estejam prontos.

Reflexão sobre o tema

O catequista inicia com as crianças uma conversa sobre as brincadeiras realizadas no início do encontro, falando da importância de momentos como esses para que possam crescer saudáveis e alegres. Explica-lhes que por toda a vida devemos participar de atividades com os amigos, como festas e passeios, e que ao crescermos começamos a realizar outras atividades em nossa vida, como as que foram colocadas às costas de cada um. São profissões dos mais variados tipos e que realizam as mais diversas tarefas. Nesse momento, o catequista apresenta algumas fichas e conversa com as crianças sobre as profissões nelas indicadas, refletindo o que as pessoas fazem e qual a importância do seu trabalho.

Partilha

Realizada a reflexão sobre o tema, o grupo é convidado a se levantar e a andar pelo espaço, observando as fichas às costas dos colegas. Então, o catequista orienta para que o grupo se organize em duplas e que uma criança fique de frente para a outra. Solicita que cada criança apresente à sua parceira a profissão indicada às suas costas, ao que a criança que observou deverá, por meio de mímicas, expressá-la para que se adivinhe a qual profissão se refere.

Compromisso

Motive o grupo para que convide amigos adultos para participar dos encontros. Dessa forma, as crianças se enriquecerão com experiências que irão ajudá-las a perceber o vasto universo que ao mesmo tempo as aguarda e que é construído no dia a dia.

Celebração

Uma por vez, as crianças são convidadas a dizer para o grupo o que deseja ser. As que não souberem responder devem ser motivadas a pensar sobre o assunto.

A cada fala, o grupo aplaude o colega e diz:
Deus o abençoe na sua escolha!

Celebração de acolhida

Realizada a vivência dessa primeira unidade, afirmamos a importância de uma *Celebração de acolhida* desse grupo pela comunidade. Os catequistas convidam as crianças e suas famílias para participar da celebração dominical, combinando previamente com o padre a presença de todos na procissão de entrada.

Algumas cadeiras são colocadas para a acomodação de todo o grupo – ou os primeiros bancos podem ser reservados.

Logo após a bênção inicial, o padre apresenta o grupo para a comunidade, podendo chamá-lo até o presbitério. Previamente, o catequista organiza uma lista com o nome das crianças para que o padre as chame. Feito isso, uma bênção sobre as famílias poderá ser realizada, contando com a participação de toda a assembleia.

Para as crianças, poderá ser lida uma mensagem de acolhida, demonstrando o grande carinho que a comunidade cristã tem por elas.

O coral poderá cantar a "*Oração pela Família*", do Padre Zezinho, ou outra canção que faça referência à família.

Nesse dia, as famílias poderão ser convidadas a participar da liturgia – estendendo o convite para muitas outras celebrações.

Podem ser preparadas lembranças para serem entregues às famílias no final.

1º ENCONTRO COM OS FAMILIARES

O objetivo desse momento é proporcionar a partilha de experiências.

O catequista envia, com antecedência, um convite às famílias informando o dia e horário do encontro. Solicita que tragam fotos e o que mais desejarem, ficando claro que cada família deverá se apresentar, dizendo, por exemplo:

- local de nascimento dos pais e da criança;
- como os pais se conheceram;
- há quanto tempo moram na região;
- como participam da vida da comunidade;
- a convivência familiar;
- profissão;
- estudos;
- rotina;
- passeios;
- sonhos;
- desafios, entre outros.

Uma por uma as famílias se apresentam e recebem uma lembrança de agradecimento pela presença no encontro. Um lanche pode ser servido. O catequista esclarece ao grupo a importância do trabalho de iniciação à vida cristã dos pequeninos, sensibilizando e conscientizando os participantes da necessidade de envolvimento de todos. Também pode apresentar os trabalhos desenvolvidos até o momento e que se encontram apoiados nas temáticas da primeira unidade.

UNIDADE II

Eu com os outros

Oi, bota aqui, oi, bota aqui o seu pezinho...

6º encontro

PRECISO DE TI

Objetivo
Aprimorar a consciência da criança sobre si própria a partir da necessidade intrínseca que temos de conviver.

Material
Faixas para vendar os olhos; balas ou bombons; pão grande para ser partilhado ao final.

Preparando o ambiente
Escolher um espaço amplo e seguro.

Acolhida
Se alguma criança trouxer um amigo adulto para participar do encontro, o catequista deve convidá-lo a se reunir com os demais e se apresentar, contando como é a sua rotina. Outros assuntos podem ser explorados, tais como: como foi sua infância, a convivência familiar, as esperanças para o futuro e como o está construindo...

Caso não haja convidados, o catequista pergunta para as crianças como foi a semana e se conversaram com alguém sobre o que realizaram no último encontro. Deve reforçar a importância das pessoas serem convidadas para participarem e que elas serão muito bem-vindas.

O grupo é convidado a interagir a partir da canção:
Eu preciso de você (aponta para um colega)
Você precisa de mim (aponta para si)
Nós precisamos de Cristo, de Cristo até o fim! (aponta para o céu)

Oração

Assim como na brincadeira de "Fazer o que o mestre mandar", o catequista deve orientar as crianças a vivenciarem na oração a grande bênção de ouvir a voz de Deus, a vontade dele para nossa vida. O catequista inicia, dizendo:

Está andando sozinho, meio sem saber aonde ir?

E dá um tempo para as crianças andarem sozinhas pelo espaço do encontro. Em seguida, continua:

Procure um amigo e caminhem juntos.

Como na etapa anterior, o catequista aguarda até que as crianças se organizem. E continua:

Talvez vocês dois não tenham achado o caminho. Que tal contarem com a ajuda de mais dois amigos na caminhada?

A dinâmica segue até que o grupo reúna todos os seus componentes. O catequista conclui:

É assim que eu quero todos os meus filhos: unidos!

Vivência

O catequista pede às crianças que se organizem em duplas. Um dos componentes da dupla deve ter os olhos vendados. O companheiro não vendado auxilia o outro a caminhar pelo espaço do encontro, auxiliando-o no que for preciso. Após um determinado tempo, as crianças trocam suas condições: a vendada passa a guiar e o guiado tem os olhos vendados.

Reflexão sobre o tema

Reúne-se o grupo e são ouvidas as observações das crianças. O catequista pode iniciar perguntando o que elas acharam da brincadeira, o que foi difícil e o que foi fácil, e analisa as suas percepções.

Partilha

O catequista entrega ao grupo um pacote contendo uma quantidade de balas ou bombons inferior ao número de componentes do grupo. Depois, solicita às crianças que peguem um doce cada. As reações serão as mais diversas: algumas crianças dirão que ficaram sem; outras não se manifestarão; algumas irão começar a comer sem nem perceber se as demais receberam; outras ainda esperam para ver o que acontece, se todas ganharão doce.

Ante as reações do grupo, o catequista deve conversar com a turma, e perguntar o que aconteceu e como o problema poderia ser resolvido.

Compromisso

Diante da perspectiva da cooperação e da partilha, o catequista fala sobre a importância desses valores no dia a dia. É preciso que as crianças estejam atentas ao que acontece à sua volta e em como elas podem cooperar e partilhar para que todos tenham vida plena.

Celebração

Para esse momento, o catequista apresenta um único pão para as crianças e conta-lhes a parábola da multiplicação dos pães realizada por Jesus. Finalizada a história, o pão é partilhado pelas crianças para que todas possam se alimentar e se sentir satisfeitas.

Alimentados, todos proclamam:

O pão nosso de cada dia nos dai hoje, Senhor Deus!

> Outros jogos que envolvam cooperação podem ser realizados para motivar a compreensão sobre a temática proposta. Momentos como esses são reveladores!

7º encontro

CADA UM TEM O SEU JEITO

Objetivo
Valorizar a diversidade e respeitar as diferenças para superar a desigualdade.

Material
Cartazes com imagens (recortadas de revistas e jornais) sobre os contextos da diversidade cultural e das diferenças existentes entre lugares e pessoas, particularmente sobre situações de desigualdade que tanto afetam a dignidade humana.

Ilustrações da história do *Patinho feio* – anexadas em quadros de apoio que podem ser feitos em papel-cartão ou cartolina.

Preparando o ambiente
Dispor as mesas para o trabalho em grupo.

Acolhida
O catequista reúne as crianças para contar-lhes o conto clássico do *Patinho feio*, de Andersen. Muitas crianças já conhecem a história, e o catequista deve valorizar as considerações das crianças sobre o reconto.

Oração
O catequista faz uso de ilustrações do conto para sensibilizar as crianças sobre a temática de estudo. A cada quadro, aspectos relevantes são destacados para que o grupo possa realizar sua oração, como se fosse um Salmo responsorial.

Senhor, muitas pessoas são rejeitadas quando nascem e ninguém gosta delas.
Cuide delas, Senhor!
Por causa disso, elas se sentem fracas, tristes e até fogem de casa.
Cuide delas, Senhor!
Buscam um lugar que seja bom e onde elas sejam aceitas.
Cuide delas, Senhor!
Mas nem sempre este lugar é o melhor.
Cuide delas, Senhor!
Parece que nunca encontrará o seu lugar.
Cuide delas, Senhor!
Mas daí, tudo se transforma!
Obrigado, Senhor!
O que era feio fica belo!
O que era diferente é aceito!
O que era ruim já passou!
Obrigado, Senhor!

Vivência

O catequista organiza as crianças em grupos e distribui as imagens referentes aos seguintes contextos: diversidade, diferença e desigualdade. Solicita que escolham a que mais chamou a atenção.

Reflexão sobre o tema

Cada criança apresenta a sua imagem aos colegas e o catequista a auxilia na realização das suas considerações.

A cada imagem apresentada, o catequista pergunta ao grupo: *Existe amor nesta imagem? Onde existe amor nesta imagem? Por que nesta imagem não há amor?*

Partilha

As crianças retornam aos seus grupos e no livro do catequizando registram o seguinte mandamento "Amar uns aos outros" com uso das letras móveis (que constam no Livro do Catequizando). O catequista ajuda as crianças na organização do registro, intervindo em suas considerações sobre cada uma das palavras.

> **Importante!**
> Considerações sobre a linguagem são muito importantes, uma vez que as crianças se encontram em processo de alfabetização. A catequese, por ser um processo de educação, também deve ser responsável por auxiliar a criança em sua aprendizagem.
> Questões do tipo *Como é que se escreve? Quais letras você utilizou? Como está a escrita do colega? Que letra eu disse?* São algumas das muitas possibilidades de acesso do catequista a este vasto universo.

Compromisso

O catequista distribui mais duas imagens para cada criança, diferentes da que ela tinha escolhido. Assim, cada uma tem em mãos representações dos contextos da diversidade, da diferença e da desigualdade.

Diversidade	Diferença	Desigualdade
Pessoas vestidas segundo a sua cultura	Pessoas com deficiência	Mendigos nas ruas

O catequista orienta as crianças a sempre lembrarem desses três importantes contextos sociais. Diz que espera que elas possam ensinar a muitos outros, adultos e crianças, o que aprenderam.

Celebração

O catequista retoma o mandamento, com a seguinte questão:
E o que devemos amar?

Solicita que cada criança diga algo que represente o amor e a cada resposta o grupo proclama:
Bendito é o senhor!

8º encontro

O MUNDO É CHEIO DE GENTE

Objetivo

Sensibilizar a percepção da criança sobre a diversidade e a quantidade de pessoas que formam o mundo em que vivemos, criadas à imagem e semelhança de Deus.

Material

Quatro cartolinas; mapa-múndi; revistas e jornais; tesouras; colas; lápis; borrachas; lápis de cor.

Preparando o ambiente

Fazer um painel de forma oval, com as quatro cartolinas emendadas, e colocar no centro da sala.

Colocar sobre o painel um globo ou imagem do nosso planeta.

Distribuir revistas e jornais ao redor do painel, bem como tesouras, colas, lápis, borrachas e lápis de cor.

Acolhida

O catequista deve recepcionar cada criança e orientá-la a pegar as revistas e observar com atenção a forma como as pessoas são retratadas.

Oração

O catequista convida as crianças para ficarem em volta do painel e pede que prestem atenção à imagem do planeta, procurando sensibilizá-las sobre o mundo que temos e que foi criado por Deus. Nele, Deus também colocou muitas pessoas e nós fazemos parte da sua criação.

A seguir, o catequista solicita que cada criança diga o nome de duas pessoas por ela conhecidas. A cada apresentação, o grupo proclama:

Criadas à imagem e semelhança de Deus. Cuide delas, Senhor!

Vivência

O grupo senta em torno do painel e o catequista solicita às crianças que desenhem as pessoas apresentadas.

Reflexão sobre o tema

Realizadas as ilustrações, o catequista chama a atenção do grupo para o quanto estas ilustrações se parecem com as pessoas retratadas e o quanto cada um de nós é feito à imagem e semelhança de Deus.

Partilha

Solicita-se, então, às crianças que escolham e recortem das revistas e jornais mais cinco pessoas à imagem e semelhança de Deus e que as colem no conjunto do painel de cartolina, caracterizando a reflexão realizada.

Compromisso

Composto o painel, o catequista orienta as crianças para que o observem. Reflete com elas que na vida conhecemos muitas pessoas e que elas precisam ser para nós a imagem deste Deus que nos criou. Muitas outras pessoas nos são desconhecidas e, neste sentido, buscamos conhecê-las e fazer disto um compromisso a ser cumprido a cada dia.

Neste sentido, às crianças é indicada a tarefa de recortar os quatro marcadores de páginas que estão no Livro do Catequizando e entregá-los a quatro desconhecidos, como uma forma de conquistar sua amizade e confiança. Desta forma, novas pessoas serão conhecidas e sensibilizadas sobre este mundo tão cheio de gente criada por Deus à sua imagem e semelhança.

Celebração

O catequista solicita às crianças que observem o painel e agradeçam a Deus pela vida de todas as pessoas, por aquelas que já cumpriram a sua missão e por todas que nascem a cada dia para fazer a vontade do Pai.

9º encontro
APRENDER A CONVIVER EM COMUNIDADE

Objetivo
Proporcionar experiências de convivência em que as realizações somente sejam alcançadas com a ajuda do outro.

Material
Quadros em cartolina, contendo a identificação de vários espaços cotidianos, como: escola, rua, casa, Igreja, parque, hospital... para serem coloridos.

Lápis de cor e canetinhas coloridas; cesta com diversos sabores de balas/bombons; vela.

Preparando o ambiente
Dispor as cadeiras em círculo para acomodar o grupo.

Acolhida
Entregar os quadros para que as crianças realizem a leitura e identificação do espaço a ser desenhado.

Oração
O catequista convida o grupo a proclamar um trecho da cantiga "Peixe Vivo", que diz:

Como pode o peixe vivo
Viver fora da água fria
Como pode o peixe vivo
Viver fora da água fria

Como poderei viver
Como poderei viver
Sem a tua, sem a tua
Sem a tua companhia
Sem a tua, sem a tua
Sem a tua companhia

O catequista agradece a Deus por estarem todos juntos e afirma que, para viverem em comunidade, será preciso muita companhia.

Vivência

O grupo é reunido e cada criança apresenta o título do quadro que está sob a sua responsabilidade. Inicia-se a ilustração de cada um desses lugares, sob a orientação do catequista.

Reflexão sobre o tema

Ao término das ilustrações, os quadros são expostos e o catequista conversa com a turma, suscitando observações das crianças sobre o modo como as pessoas se relacionam nesses espaços.

Partilha

As crianças podem encenar situações a cada espaço, resgatando na memória suas próprias experiências cotidianas, discutindo se as situações foram boas ou ruins e se poderiam ter outros resultados.

Compromisso

Motivar as crianças a melhorar a cada dia, onde quer que se encontrem, construindo e compartilhando experiências positivas.

Celebração

Acender a vela e expor os quadros. O catequista deve caminhar com as crianças pelo ambiente, contemplando os quadros. Juntos, devem pedir a Deus que as pessoas saibam conviver em suas comunidades, nos mais variados ambientes, fazendo o bem e ajudando-se uns aos outros.

10º encontro

O LUGAR ONDE VIVO

Objetivo

Conhecer e valorizar o lugar onde vive, para que, de modo consciente, possa também analisar os problemas e propor soluções.

Material

Foto do grupo; fotos/ilustrações do cotidiano da comunidade.

Preparando o ambiente

Sugerir um passeio pelo bairro. É importante que o catequista informe as famílias sobre a realização da atividade.

Combinar com um dos moradores da comunidade a acolhida do grupo em sua casa, de modo que haja um trajeto a ser percorrido, do local do encontro até a casa desta pessoa.

Acolhida

Diante da proposta de levar o encontro para o bairro, o catequista orienta as crianças a observar tudo o que acontece, as pessoas que encontram e o que elas estão fazendo.

Oração

Antes de sair, o catequista convida o grupo a proclamar:
Senhor Deus!
Cuide da nossa casa,
da nossa família
e de tudo o que existe no mundo.
Somos tuas crianças e estamos aqui para fazer a tua vontade!

Vivência

Durante a realização do passeio, as crianças comentam situações, dizem o que observam, comparam ideias..., tornando a vivência muito significativa ao processo de aprendizagem.

Reflexão sobre o tema

O catequista para em um determinado ponto do trajeto e solicita que o grupo apresente suas considerações sobre a temática do encontro "O lugar onde eu vivo". Algumas crianças dirão que gostam do lugar onde vivem, enquanto outras poderão dizer que não gostam. O catequista deve fazer considerações para que as crianças possam valorizar o seu entorno e ter consciência de que os problemas existentes podem e devem ser superados.

Partilha

Chegando à casa da pessoa com a qual foi combinada a acolhida, as crianças deverão ser recebidas com alegria. As crianças contam sobre o trabalho que realizam na catequese e aproveitam para entrevistar a pessoa, saber há quanto tempo vive no bairro e o que tem a dizer sobre ele.

Compromisso

O grupo assume o compromisso de visitar a pessoa novamente, bem como a convida para participar dos encontros na comunidade.

Celebração

Com alegria, o grupo agradece a acolhida e se despede. De presente, as crianças entregam um quadro contendo a foto de todo o grupo. Fazem um agradecimento a Deus por esse momento tão especial e abençoam a família que as acolheu.

Ainda sobre a temática da *vida em comunidade*, o catequista poderá desenvolver um trabalho com ilustrações e fotos do cotidiano da comunidade, nos moldes de cartões postais. Nessa celebração, o grupo realiza a acolhida das pessoas à porta da Igreja, entregando-lhes a lembrança.

2º ENCONTRO COM OS FAMILIARES

Para este encontro, propomos a realização de uma confraternização, na qual a seguinte sequência de atividades seja realizada:

1) Gincana/brincadeiras
2) Momento de louvor
3) Apresentação teatral realizada pelos catequizandos[1]

O objetivo é fazer com que as famílias compartilhem variados contextos e apreciem uma convivência saudável e educativa entre adultos e crianças. O catequista poderá solicitar a ajuda de diversos agentes pastorais para favorecer o dinamismo do encontro, trocando ideias e planejando uma bonita e prazerosa acolhida.

---

[1] O tema da peça deve ser definido junto com os catequizandos, de modo que as crianças possam dar sugestões sobre o que será apresentado. Alguns encontros devem proporcionar às crianças a troca de informações e os ensaios necessários, bem como a organização do cenário e das vestes. Tudo deve ser feito com o apoio do grupo, transmitindo-lhes confiança e afirmando a sua autonomia.

UNIDADE III

A vida que temos

Era uma casa muito engraçada...

11º encontro

COMO VIVO

Objetivo

Afirmar a importância dos valores cristãos na dinâmica da vida familiar.

Material

Cartazes contendo frases ou imagens de situações cotidianas que envolvem a convivência familiar.

Vela acesa em local seguro e de visibilidade ao grupo.

Tapete grande ou lençóis para a acomodação do grupo.

Uma boneca (bebê), bercinho/cesto.

Envelopes coloridos, contento cartões com registro de atitudes e sentimentos importantes ao convívio familiar (amor, carinho, compreensão, conversa).

Lápis de cor.

Preparando o ambiente

Dispor os cartazes pelo ambiente.

Acender a vela em lugar seguro e de visibilidade.

Arrumar as mesas e cadeiras, formando um grande grupo.

Colocar o tapete e/ou o lençol e, no meio dele, a boneca no berço.

Pôr uma música instrumental como som ambiente.

Acolhida

A partir da canção *A casa*, do CD É hora de cantar,* o grupo interage e é sensibilizado sobre a temática do encontro.

---

* Esta canção pode ser baixada no aplicativo de música.

Oração

O catequista convida as crianças a se reunirem em volta da boneca/bebê. Informa ao grupo que neste dia todos serão responsáveis por cuidar dele e que por isso serão sua família por um dia. Sensibilizará a turma sobre a importância dos cuidados com a vida e solicitará que cada criança sorteie um envelope e expresse verbalmente, com a ajuda do catequista, o que ele contém (como, por exemplo, amor, carinho, compreensão, conversa...), ao que todos proclamam:

Que assim seja!

O bebê é acolhido por todo o grupo, de colo em colo, e disposto novamente em seu berço para a continuidade dos trabalhos.

Vivência

As crianças são convidadas a se deitar sobre o tapete/lençol e a fechar os olhos, sob as reflexões apresentadas pelo catequista, tais como:

> O catequista deve estar atento às realidades familiares do grupo de catequizandos para poder valorizar as suas condições e fazer as crianças perceberem o que não está bem e o que deve ser melhorado.

Pense na sua família, na sua casa.

Desde quando nascemos, fomos cuidados por nossa família, por pessoas que gostavam da gente.

Coisas muito boas aconteceram neste tempo e coisas que não gostamos também...

Cuidaram de nós e hoje estamos aqui. Ganhamos roupas, sapatos, alimentos, brinquedos...

Éramos pequenos e agora somos grandes...

Ajudamos nossas famílias como podemos... atendendo os nossos pais e parentes: tias, avós, padrinhos, madrinhas...

A forma como vivemos é muito importante, pois nos ajudará a crescer no amor, na amizade, no carinho.

Reflexão sobre o tema

O catequista solicita às crianças que se levantem e passem a olhar os cartazes e a perceber o que neles tem de parecido com o que cada uma delas vive em casa.

Partilha

Realizada a observação, solicita-se ao grupo que se acomode nas cadeiras e conte o que viu nos cartazes e o que mais tenha chamado a atenção, o que mais gostou e por quê.

> Uma vez, conversando com as crianças sobre o contexto familiar, uma disse ao grupo: *quando eu nasci, nem minha mãe nem meu pai gostavam de mim*. Disse isto com lágrimas nos olhos, algo que jamais esqueci. Perguntei com quem ela morava e informou ser com o avô e com a avó, tios, tias e primos. Disse-lhe para não ficar triste e que muitas pessoas gostavam dela e faziam parte da sua grande família. Que nós, o seu grupo de catequese, éramos parte dessa família que sempre estaria presente para o que precisasse.

Depois, as crianças devem localizar no Livro do Catequizando as imagens referentes ao tema e pintar as atitudes que precisam estar sempre presentes no convívio familiar.

Compromisso

Cada criança receberá um envelope, para ser aberto em casa com os seus familiares, contendo o registro de uma importante atitude. A criança deve ser orientada a observar como a situação é vivida pelos membros da sua família e a pensar em formas de como colocá-la em prática. Exemplo: "Abraço pela manhã".

Celebração

O catequista convida as crianças a se dirigirem até o lugar onde está a vela. Ela é levada em procissão, passando por todos os cartazes, e o grupo é convidado a proclamar, de acordo com a situação:
E Deus vê que isto é muito bom!
Ou
E Deus vê que isto não é nada bom!

12º encontro
DO QUE SINTO FALTA

Objetivo
Expressar sentimentos e necessidades; compartilhar vivências.

Material
Quebra-cabeças; velas; papéis coloridos; lápis de cor e canetinhas coloridas.

Preparando o ambiente
Organizar o espaço com mesas para a formação de duplas ou grupos e dispor um quebra-cabeças sobre cada uma delas.

> Os quebra-cabeças podem ser confeccionados com imagens de revistas, selecionadas sob o critério do cotidiano infantil (crianças brincando, junto à família, dormindo, estudando...). Elas devem ser coladas sobre o papel-cartão/cartolina que melhor possibilitam o recorte das peças.

É importante que na distribuição dos quebra-cabeças uma peça central seja retirada de cada um e colocada em diversos locais do ambiente do encontro. Lembre-se de que estes lugares devem ser seguros e de fácil acesso aos pequeninos.

Colocar os pedaços de papel de cores e tamanhos variados numa cesta. As canetinhas coloridas e os lápis coloridos devem ser dispostos para uso coletivo numa caixa, por exemplo.

Acolhida
O catequista orienta as crianças para que escolham onde irão se acomodar. Assim que as duplas estiverem formadas, o cate-

quista solicita que montem o quebra-cabeça. Ele deve observar as atitudes das crianças em relação às peças e à imagem que se forma, até o momento em que percebam a falta da peça.

O catequista deve ouvir as opiniões das crianças sobre o que aconteceu com o jogo e questioná-las sobre alguma solução. Deve pedir para que observem a imagem formada e que justifiquem a falta que a peça faz, considerando o motivo pelo qual o jogo precisa ser completado.

Realizadas essas considerações, solicita a procura das peças que faltam, de modo que uma dupla ajude a outra até que todos os jogos sejam completados.

Oração

O catequista solicita às crianças que se reúnam próximo a uma das mesas e coloca ao lado do jogo uma vela. Pede para que olhem para a imagem formada e solicita que alguém a descreva. Realizada a descrição, o catequista proclama ao grupo a importância à vida de cada um de nós de momentos como os que se encontram presentes nas imagens, afirmando o quanto eles fazem falta. Nesta hora, a vela é acesa e todos são convidados a proclamar:

Obrigado, Senhor!

O grupo realiza o percurso por todas as mesas, realizando a proclamação.

Vivência

O catequista informa às crianças que elas deverão novamente escolher em qual mesa se acomodar, de modo que todas troquem de lugar. Cada quebra-cabeça deverá ser colocado em um saquinho para ser guardado, e a vela, retirada. A cesta com papéis é apresentada aos catequizandos, que deverão pegar um pedaço à sua escolha.

Reflexão sobre o tema

O catequista pergunta às crianças o que veem nele registrado – ao que unanimemente responderão: *Nada*.

Nesse momento, o catequista pede para cada criança observar muito bem o seu papel, pois nele surgirá algo muito importante: *o que elas tanto sentem falta*. Orientará a realização do desenho com o uso coletivo das canetas e lápis, acompanhando o desenvolvimento da atividade.

Partilha

Realizada a atividade, o grupo é novamente reunido e cada criança apresentará *o que tanto sente falta*, explicando ao grupo os seus motivos.

Compromisso

Feitas as apresentações, será solicitada a cada criança a apresentação do quadro para as pessoas da família, do mesmo modo como foi feito no grupo, e a colocação dele em um local de destaque da sua casa, conferindo importância ao que foi produzido.

Celebração

O catequista entrega a cada criança um saquinho contendo um quebra-cabeça para ser levado para casa.

O catequista convida todo o grupo a proclamar:

Assim como estas peças fazem falta uma para a outra,
nós também sentimos falta
e fazemos falta para quem gosta de nós.
Cuida de nós, Senhor, e de todos aqueles que conosco convivem.
Amém.

13º encontro

O QUE NÃO PODE FALTAR

Objetivo

Expressar sentimentos e necessidades; compartilhar vivências.

Material

Elementos naturais, tais como: água, terra, sementes, frutos.

Alimentos diversos e típicos da região.

Objetos, como: bolsa, prato, sapato, sabão.

Vela disposta em local de destaque e seguro.

Canetas coloridas e lápis de cor dispostos para uso coletivo.

Preparando o ambiente

Dispor mesas em círculo e sobre cada uma delas colocar algum elemento de uso cotidiano, de modo que eles motivem o grupo em suas reflexões sobre o tema.

Colocar a vela em lugar visível e seguro.

Arrumar os lápis e canetinhas numa caixa para uso coletivo.

Acolhida

As crianças deverão ser acomodadas ao redor da mesa, de modo que cada uma fique responsável por um dos elementos, podendo tocá-los e apreciá-los até que o grupo todo esteja reunido.

Oração

O catequista solicita que cada catequizando pegue um dos elementos e se reúna próximo à vela. Cada criança é convidada a apresentar o elemento que se encontra aos seus cuidados, descrevendo-o e informando ao grupo o motivo pelo qual ele é imprescindível à vida, ou seja, por que ele não pode faltar.

A cada apresentação, o catequista motiva o grupo a proclamar: *Obrigado, Senhor, por tudo que existe, criado por ti e que não nos pode faltar!*

Vivência

O catequista orienta o trabalho solicitando que as crianças desenhem situações nas quais pessoas tenham todas suas necessidades básicas atendidas.

Reflexão sobre o tema

O catequista poderá criar outras situações para serem compartilhadas pelo grupo.

Partilha

Elaborar um cartaz para registrar as ideias do grupo, bem como as soluções encontradas, expondo-o para a comunidade na celebração. Exemplo:

O que não pode faltar	O que podemos fazer
Água	Usar o necessário, sem desperdiçar

Compromisso

Fazer um cartaz com a ajuda da família, registrando outras situações, para ser apresentado no próximo encontro.

Celebração

As ilustrações do Livro do Catequizando são revistas e cada criança relembra o que desenhou. Elevam a Deus um agradecimento por todos aqueles que não passam por necessidades e pedem por todos aqueles que, de alguma forma, sofrem pela falta de algo que é indispensável à manutenção da vida: água, alimento, abrigo.

14º encontro

APRENDER A VIVER

Objetivo

Descobrir o que é vida a partir do testemunho das pessoas nas mais variadas idades.

Material

Lembranças para os convidados; lanche para a confraternização do grupo.

Preparando o ambiente

O catequista organiza o encontro, convidando pessoas das mais variadas idades para serem acolhidas pelo grupo: um adolescente, um adulto, um idoso, e preparando previamente uma dinâmica para fortalecer a interação dessas pessoas com o grupo de catequizandos.

Organizar as cadeiras que acomodarão as crianças em forma de semicírculo, ficando a cadeira do convidado à frente.

Colocar música (som ambiente).

Acolhida

A pessoa é convidada pelo catequista a chegar antes das crianças ao encontro. As crianças são por ela acolhidas, conversando e trocando ideias.

Oração

Todas as crianças são convidadas a dar boas-vindas ao convidado, cantando:

Seja bem-vindo, olelê!
Seja bem-vindo, olalá!
Paz e bem pra você,
que veio participar!
Paz e bem pra você,
que veio participar!

Vivência

O grupo se acomoda e perguntas são feitas para conhecer o convidado. O catequista orienta as crianças para que cada uma possa fazer uma pergunta.

Reflexão sobre o tema

Sobre o tema *Aprender a viver*, o catequista solicita ao convidado que explique às crianças como é a fase da vida na qual ele se encontra: o que tem de bom e o que é difícil, ajudando-as a construir ideias sobre o futuro das suas realizações.

Partilha

Após a entrevista, o grupo realiza a partilha do lanche.

Compromisso

A lembrança é entregue ao convidado, agradecendo a sua presença e colaboração. A pessoa é convidada para voltar e participar de outros momentos, pois será muito bem-vinda.

Celebração

Assim como as crianças agradeceram a presença do convidado, o convidado agradece a presença e participação das crianças, pedindo a elas que sempre estejam dispostas a descobrir como é bom *Aprender a viver*.

15º encontro

PROBLEMAS E SOLUÇÕES

Objetivo
Resgatar no cotidiano os diversos problemas nele existentes e discutir possíveis soluções.

Material
Crachá de identificação; cartolina; canetas; lanche.

Preparando o ambiente
Organizar um passeio pelo bairro ou pelo centro da cidade. Pode-se visitar: uma estação de tratamento da água ou uma empresa que realiza um trabalho de reciclagem. Muitos são os cenários sobre os quais as crianças podem lançar seus olhares, colher informações e apresentar considerações bastante conscientes.

O catequista precisa ter bem claro quais os elementos presentes no local escolhido para melhor orientar o grupo. É necessário que, antes de levar as crianças ao local, o catequista realize uma visita para se assegurar de que o lugar realmente atenderá ao objetivo da temática em estudo.

Todo tipo de atividade a ser desenvolvida no local deve ser previamente pensada e organizada, aproveitando-se o passeio ao máximo.

É preciso informar as famílias com antecedência e pedir autorização por escrito dos pais e/ou responsáveis pelos menores.

Acolhida
O catequista reúne o grupo para que todos possam receber crachás e serem orientados sobre o trajeto. O catequista solicita às crianças que observem se existe algum tipo de problema que

prejudica ou que pode prejudicar o local que irão e que pensem em algumas soluções para serem apresentadas e analisadas.

Oração

Planejar uma oração de envio do grupo, de modo que as crianças se sintam motivadas a buscar o olhar de Deus sobre o mundo que as cerca.

Vivência

Este momento se configura na própria dinâmica do passeio.

Após a visitação, uma bênção ao local da visita pode ser feita pelo grupo, com considerações espontâneas realizadas pelas crianças.

Em seguida, o grupo compartilha o lanche.

Reflexão sobre o tema

O catequista solicita às crianças que descrevam o local, o que tinha lá e o que fizeram, bem como quais problemas foram observados.

Partilha

O grupo analisa as situações e discute quais soluções poderiam ser realizadas. É importante afirmar às crianças que problemas existem e que devemos aprender a superá-los.

Compromisso

É importante orientar as crianças sobre a necessidade de reconhecer um problema e buscar a solução para ele. Se diante de um problema a pessoa não sabe como resolvê-lo, deve procurar conversar com alguém. Com certeza, é conversando que se chega a algum entendimento e a alguma solução.

Celebração

Para este momento, o catequista elabora painel utilizando os depoimentos das crianças sobre o que mais gostaram no passeio. Realizado o trabalho, o grupo agradece a Deus e pede a ele muitas bênçãos para proteger o local visitado.

CELEBRAÇÃO

Os temas vivenciados nesta unidade são apresentados na celebração dominical por meio de cartazes e de registros dos próprios catequizandos. O catequista pode compor um painel com fotos, expor os Livros dos Catequizandos, solicitar testemunhos às crianças e aos seus familiares para que sejam apresentados à comunidade.

3º ENCONTRO COM OS FAMILIARES

Neste terceiro encontro, as famílias são convidadas a pensar sobre temas muito importantes à educação plena dos pequeninos.

No ambiente do encontro, dispor mesas e cadeiras de modo que grupos sejam organizados. Fica a critério do catequista a quantidade de participantes por grupo, porém sugerimos que sejam quatro em cada um. Solicita-se às famílias que escolham uma das mesas e se acomodem. Completo o quadro de participantes, o catequista explica que os grupos receberão um envelope contendo um tema para ser discutido num tempo estimado de dez minutos. Passado esse tempo, o catequista informa aos grupos que será realizada a troca dos envelopes, iniciando a discussão sobre um outro tema, seguindo as mesmas regras.

Sugestões de temas:

- *O nascimento de um filho*
- *Cuidados na educação dos pequeninos*
- *Convivência familiar*
- *Brigas e discussões*
- *A vivência dos valores cristãos*
- *Família, primeira catequista*
- *Desafios e conquistas no matrimônio*

Os familiares devem ser motivados a conversar e a dizer o que sabem sobre o tema proposto. Todo conhecimento será muito bem-vindo.

Terminada a rodada dos temas, os participantes são convidados para um lanche e partem, na sequência, para uma palestra – previamente organizada pelo catequista e, se possível, com a presença do padre, de um pedagogo ou psicólogo. Os temas devem ser sistematizados para que o grupo avance em suas hipóteses.

Leituras bíblicas podem ser realizadas na apresentação de cada tema proposto, melhor fundamentando, ao olhar da fé, a maturidade do contexto familiar. Exemplo:

Temas	Fundamentações Bíblicas
O nascimento de um filho	Mt 1,18-25
Cuidados na educação dos pequeninos	Lc 2,41-52
Convivência familiar	Lc 6,43-45
Brigas e discussões	Mt 5,23-24; Hb 3,12-15
A vivência dos valores cristãos	Lc 6,27-36.46-49
Família, primeira catequista	Mc 3,31-35; Lc 8,19-21
Desafios e conquistas no matrimônio	Jo 5,31-32

UNIDADE IV

DESCOBERTAS E CURIOSIDADES

Se esta rua, se esta rua fosse minha, eu mandava...

16º encontro

SOBRE A CRIAÇÃO

Objetivo
Sensibilizar a compreensão da criança sobre as belezas da criação e a necessidade do cuidado com tudo o que existe.

Material
Cartões com imagens dos elementos da criação; Bíblia; máquina fotográfica; lanche; crachá de identificação das crianças; imagens de tudo que foi criado por Deus, encontradas em revistas, jornais etc.

Preparando o ambiente
Organizar uma visita a um parque. Os parques são ótimos para aguçar a curiosidade da criança sobre este vasto mundo que nos cerca criado por Deus e entregue aos cuidados humanos.

Lembrar-se de informar as famílias sobre o passeio, bem como pedir autorização.

Acolhida
Identificar as crianças com o crachá.

Entregar a cada criança um cartão com imagens da criação, de acordo com os elementos presentes em Gêneses 1. Antes de iniciar o passeio, explicar às crianças o que irão ver e pedir que observem tudo o que o parque contém.

Oração
Num determinado ponto do passeio, o catequista reúne o grupo e solicita atenção para a proclamação da Palavra do livro do

Gênesis (capítulo 1, versículos 1-31). O catequista lê cada trecho e solicita às crianças que apresentem os seus cartões a cada novo elemento da criação citado no texto, complementando-o com algumas observações, se necessário.

Após a leitura, fazer uma pausa para o lanche.

Vivência

Deixar que as crianças se expressem, comparem, contem, afirmem... e que, particularmente, procurem associar o que há em seus cartões com o que veem ao redor.

Reflexão sobre o tema

Registrar os depoimentos das crianças sobre as belezas da criação, sobre os problemas que a afetam e as possíveis soluções para que tudo continue a existir.

O catequista tira fotos das crianças e do lugar, procurando captar o olhar das crianças sobre o contexto visitado.

Partilha

Com as imagens, o catequista pode montar uma exposição para ser visitada pela comunidade.

Na celebração, a comunidade é convidada para visitar a exposição, na qual as crianças explicarão o que realizaram.

Compromisso

Assumir na vida cotidiana o cuidado com tudo o que existe.

Celebração

No final do passeio, todo o grupo se reúne para agradecer a Deus a possibilidade de poder contemplar e fazer parte da obra divina.

SOBRE QUEM SOMOS E O QUE FAZEMOS

17º encontro

Objetivo

Fomos criados à imagem e semelhança de Deus. Sob esta essência afirmamos a necessidade de observar as pessoas e as suas realizações como extensão da ação deste mesmo Deus, agindo em cada um de nós.

Material

Painéis com os nomes de várias profissões, com imagens de pessoas e também de santos; painel com a oração do Pai-Nosso; lápis de cor e canetas coloridas; balas.

Preparando o ambiente

Decorar o ambiente de forma que vários painéis com nomes de profissões fiquem preparados previamente e expostos na altura das crianças para que elas possam ilustrá-los, ocupando uma parte do espaço do encontro.

Na outra parte, expor imagens de pessoas realizando atitudes como: abraço, cultivo, sorriso, acolhida.

E, em outra parte do ambiente do encontro, pôr imagens de santos da Igreja (em painéis ou esculturas), e o painel com a oração do Pai-Nosso.

Acolhida

As crianças são convidadas a acolher os demais colegas no momento em que chegam ao encontro. Uma cumprimenta, outra entrega uma bala, outra abraça.

Oração

O grupo se reúne em volta da caixa com canetas/lápis coloridos e o catequista orienta cada criança a escolher uma cor. Lembra o contexto da criação vivenciado e informa ao grupo que neste momento todos dedicarão atenção às pessoas e às suas atitudes. Todos unem os seus lápis/canetas ponta com ponta e são convidados a proclamar:

O Senhor Deus nos deu a vida.

Ele nos ama e nos faz crescer.

A cada dia que vivemos, muitas coisas temos por fazer!

Vivência

As crianças escolhem em qual painel dedicarão atenção para ilustrar as pessoas em suas respectivas profissões. Necessitarão, portanto, ler os títulos que os compõem, solicitando a ajuda dos colegas e, se necessário, a atenção especial do catequista.

Reflexão sobre o tema

Finalizadas as ilustrações, o catequista convida as crianças a observarem o que por elas foi realizado, apreciando e valorizando a forma como executaram a proposta.

Partilha

O grupo é convidado a se deslocar para a outra parte do espaço do encontro, onde estão as imagens das pessoas. Realizadas a observação e a apreciação do seu conteúdo, o catequista pergunta ao grupo o que as imagens têm em comum, possibilitando que as crianças elaborem suas hipóteses.

Compromisso

Feitas as considerações, o catequista retorna com o grupo aos painéis ilustrados pelas crianças e diz:

Muitas são as profissões: médicos, professores, motoristas, cozinheiros e carteiros... Cada pessoa realiza um trabalho que é muito importante, que faria muita falta se não existisse.
Um médico faz coisas que só ele pode fazer. Do mesmo modo,

a professora e o motorista realizam trabalhos que as suas profissões exigem que eles saibam.

E retornando com as crianças aos painéis com as imagens que contemplam atitudes como abraço, cultivo, sorriso, acolhida... finaliza, dizendo:

Todas as pessoas podem e devem, à imagem e semelhança de Deus, dedicar sua vida aos outros, ajudando no que for possível.

Celebração

O catequista convida as crianças a se dirigirem às imagens dos santos e informa que elas representam pessoas que buscaram fazer o bem, ajudando os outros no que fosse possível. Por isso rezamos, pedindo a intercessão dos santos para fazermos o que Deus quer de nós.

Todos proclamam a oração do Pai-Nosso, observando o painel ilustrativo.

Importante!

As crianças podem levar as imagens dos santos para casa e solicitar às famílias que as ajudem a descobrir quem eram estas pessoas e o que elas fizeram. Elas devem partilhas suas descobertas com os colegas no próximo encontro.

18º encontro

MEUS PORQUÊS

Objetivo
Explorar o universo das descobertas que envolvem as experiências infantis.

Material
Massa de modelar de cores variadas.

Painel em cartolina com o tema do encontro Meus Porquês, composto de imagens que representam variados contextos, tais como: um bebê; o planeta; uma girafa; o sol; a água; o avião; a televisão;

Canetas coloridas para registro.

Preparando o ambiente
Dispor cadeiras e mesas para a acomodação do grupo.

Acolhida
À chegada das crianças, o catequista deve convidá-las a construir algo com a massa de modelar. Devem usar a imaginação, modelando diversas coisas.

Oração
O grupo se reúne para apresentar as modelagens. Cada criança diz o que fez e todos proclamam:

E Deus viu que era bom. Muito bom!

Vivência
O catequista orienta as crianças para a apreciação do painel e pergunta ao grupo *o que gostaria de saber* sobre cada uma das

imagens. Ao que cada criança diz, o catequista registra ou ajuda as crianças a registrarem os seus porquês.

Reflexão sobre o tema

Considerados os porquês, o grupo realiza a leitura do painel para analisar as ideias e completar, se necessário, com outras observações.

Partilha

Neste momento, o grupo faz a atividade presente no Livro do Catequizando. O catequista reúne as crianças em duplas e as orienta na proposta do exercício de elaborar perguntas.

Compromisso

O grupo se reúne novamente em frente ao painel. O catequista afirma a necessidade dos porquês em nossas vidas: com eles, buscamos conhecer, aprendemos e descobrimos o mundo da criação de Deus e da invenção dos homens. Sem eles, nem existiríamos.

Celebração

O catequista entrega a cada criança um cartão colorido, contendo na capa um ponto de interrogação e o tema do encontro. Ao abri-lo, cada criança encontrará e proclamará a seguinte afirmação:

Em dúvida? Graças a Deus! Assim crescemos em sabedoria e graça.

19º encontro

APRENDER A PENSAR

Objetivo
Valorizar ideias em vista do crescimento da sabedoria e da graça proclamadas.

Material
Envelopes coloridos (um para cada criança) contendo duas fichas com variadas perguntas. Exemplo: Por que não somos parecidos uns com os outros? Quantos dentes temos? Por que devemos tomar banho?

Preparando o ambiente
Dispor as cadeiras em círculo para acomodação do grupo.

Acolhida
Ao chegar ao encontro, cada criança recebe um envelope e escolhe uma das cadeiras para se acomodar. Pode retirar as fichas do envelope e realizar a leitura com o auxílio dos colegas. O catequista acompanha o raciocínio das crianças, dedicando um bom tempo a este processo.

Oração
O catequista convida as crianças para organizarem uma grande roda e proclamar:
Deus,
te pedimos sabedoria
para alcançar a tua graça.
Somos inteligentes e, assim como Dorinha,

ajude-nos a descobrir o que é o mar,
o grande mar da vida.
Amém!

Vivência

Ao grupo reunido, o catequista conta a seguinte história:

> Havia uma menina chamada Dorinha. Dorinha não conhecia o mar, mas sabia que ele existia. [O catequista pergunta às crianças se elas conhecem o mar e explora suas considerações.]
>
> Curiosa para saber como ele era, ela foi perguntar para o seu avô. [Pede para alguém fazer a voz da Dorinha perguntando ao avô.]
>
> Ele, querendo ajudar a neta, lhe disse:
>
> – Querida Dorinha, o mar é como um milharal que, quando o vento passa, faz andar pra lá e pra cá. [Realiza o movimento com os braços e as crianças repetem.]
>
> Dorinha agradeceu a explicação do avô, mas ainda não tinha compreendido o que era o mar.
>
> Chegou o tempo de Dorinha ir para a escola e lá, pensou ela, descobriria o que era o mar. A professora pegou o livro, mostrou às crianças a imagem do mar e disse:
>
> – Uma grande porção de água salgada que ocupa a maior parte da superfície terrestre.
>
> Dorinha ouviu o que a professora disse e pensou, pensou e pensou e concluiu que, mesmo assim, ela não sabia o que era o mar.
>
> O tempo passou. [O catequista instiga as crianças a fazerem o barulho do relógio: tique-taque, tique-taque, tique-taque...] Dorinha não desistia: continuava a querer saber o que era o mar.
>
> Numa tarde de verão, após o almoço e já de férias da escola, Dorinha brincava. Estava tão distraída que nem viu... [O catequista pergunta às crianças o que aconteceu.]
>
> Estava tão distraída que nem viu o seu padrinho chegar e erguê-la no alto com grande alegria.

Ele disse que também estava de férias e que tinha uma grande surpresa para lhe dar. Dorinha nem desconfiava, mas a surpresa era tudo o que ela mais queria. [Perguntar às crianças o que era.] Conhecer o mar!

No outro dia, o padrinho pegou o carro e passou bem cedo na casa de Dorinha. Foram pela estrada, cantando e conversando sobre o dia a dia de cada um. O padrinho falava do trabalho, das muitas coisas que tinha para fazer. Dorinha contava coisas da escola, dos amigos, das brincadeiras e também das muitas coisas que tinha para fazer.

Em nenhum momento Dorinha perguntou ao padrinho para onde eles estavam indo, nem ele contou. Estavam na estrada, cantando e conversando, quando... [O catequista novamente pergunta às crianças o que aconteceu.]

Avistaram um grande horizonte azul que impressionou tanto, mas tanto a Dorinha, que ela até mesmo se esqueceu de perguntar o que ele era.

Chegaram ao hotel, subiram para os apartamentos, trocaram de roupas e desceram.

Saíram do hotel, atravessaram a rua e chegaram a um grande tapete de areia que fazia até cócegas nos pés. Dorinha achou tudo muito lindo, maravilhoso. Estava muito feliz por estar junto com seu padrinho num lugar tão bonito. Eles começaram a andar sobre a areia e a cada novo passo ela afundava os pés, o que era algo muito divertido. Até que eles chegaram... (e o catequista pergunta às crianças onde é que eles chegaram)... à água.

O padrinho de Dorinha, feliz como sempre, disse:

– Este é o mar!

Dorinha o olhou e perguntou:

– O que foi que o senhor disse, padrinho?

E ele respondeu:

– Eu disse que este é o mar.

Dorinha nem teve tempo de dizer mais nada... [O catequista pergunta às crianças o que aconteceu.]

Uma pequena onda veio lhe tocar os pés, explicando para Dorinha o que ela tinha acabado de ouvir do seu padrinho.

Reflexão sobre o tema

Muitas crianças podem perguntar quem é Dorinha. No caso de elas não perguntarem, o catequista questiona se alguém a conhece, observando as reações do grupo. Informe ser ela também uma criança, muito curiosa e atenciosa com o mundo à sua volta. Diga às crianças que, assim como elas, Dorinha também tinha um envelope no qual guardava muitas ideias que a faziam pensar, que a faziam crescer sempre mais em sabedoria e graça.

Partilha

Contada a história, as crianças são convidadas a pensar nas seguintes questões:
Será que agora a Dorinha entendeu o que é o mar?
Por que antes ela não tinha entendido?

Compromisso

Após as considerações das crianças, o catequista buscará sensibilizar a compreensão do grupo sobre a perspectiva da aprendizagem que se faz na experiência. Existem receitas de bolo que podemos ler e consultar, mas isto não quer dizer que saibamos fazer um bolo. Precisamos fazê-lo, misturar os ingredientes na quantidade certa para que ele fique pronto. Dorinha não se contentou com as explicações do avô e da professora. Ela precisava de algo mais, da *experiência* com o mar para descobri-lo. É assim que aprendemos a pensar e crescemos em graça e sabedoria: na experiência. Ninguém é bom porque sabe o que é ser bom. É preciso fazer coisas boas para assim ser reconhecido.

Celebração

Todos proclamam, novamente:
Deus,
te pedimos sabedoria
para alcançar a tua graça.
Somos inteligentes e, assim como Dorinha,
ajude-nos a descobrir o que é o mar,
o grande mar da vida.
Amém!

20º encontro

O MUNDO DOS SÍMBOLOS

Objetivo

Elevar a compreensão das crianças sobre os diversos elementos, discernindo as suas funções no contexto social e religioso.

> **Importante!**
> Ao catequista, sugerimos a leitura do livro *Símbolos cristãos: os sacramentos como gestos humanos*, de Michel Scouarnec (São Paulo: Paulinas). Ajudará, e muito, na dinamização das ideias sobre este conteúdo.

Material

Tapete; jarra com água; vela; ilustração de semáforo; par de alianças; cruz; pão; Bíblia; óleo; caixa de fósforos; cálice; terra; sementes.

Preparando o ambiente

Organizar o ambiente do encontro com mesas em forma de bancada e cadeiras em círculo, tendo ao centro um tapete.

Dispor sobre o tapete variados elementos. Sugerimos: uma jarra com água, uma vela, uma maquete de semáforo, um par de alianças, uma cruz, um pão, a Bíblia, óleo, uma caixa de fósforos (representando o fogo), um cálice, placas com diversas indicações, um pouco de terra, sementes.

Colocar sobre a bancada os cartões com os nomes dos elementos para que possam ser posteriormente identificados pelas crianças.

Acolhida

Ao chegarem, as crianças são orientadas a observar os elementos e a ler os cartões identificadores sobre a bancada.

Oração

O grupo se reúne em volta dos elementos e o catequista solicita que as crianças se organizem em duplas. Cada dupla escolherá um elemento, o apresentará ao grupo e proclamará: *Obrigado, Senhor!*

Vivência

Os elementos são dispostos sobre o tapete, novamente. O catequista explorará a função de cada elemento no cotidiano, perguntando às crianças do que eles são feitos, em que momentos são vistos e como são usados.

Reflexão sobre o tema

O catequista explica que também existe o que conhecemos por símbolo, no qual os elementos assumem outra identidade, representam outras ideias.

Exemplo:

Vemos a água. Dela bebemos e matamos a sede. Tomamos banho, lavamos a roupa, nadamos, pescamos... Já na Igreja entendemos que a água é como uma fonte que sempre deixa nova a nossa vida. No Batismo, temos a água que inicia a pessoa na vida da comunidade cristã. Aqui ela participa; é a sua identidade de fé. No caso da terra, ela serve para plantar. Na Igreja, falamos do quanto as pessoas precisam ser como a terra, uma terra boa, realizando, assim, comparações: pessoas boas como a terra boa.

Partilha

Cada dupla de crianças pegará o seu elemento e o colocará sobre a bancada no lugar indicado pelo cartão.

Compromisso

Organizada a exposição dos elementos, o grupo se reunirá com o catequista, que entregará a cada criança uma das sementes. Pedirá para observarem e imaginarem o que há dentro dela, assumindo o compromisso de deixá-la florescer.

Ela será o símbolo do grupo e, a partir de agora, todas as vezes que vocês ouvirem falar de sementes ela terá um sentido novo.

Celebração

O grupo é convidado a passar pela bancada e proclamar:
O que agora vemos, vemos também com o coração.
Obrigado, Senhor Deus!

Um encontro para visitar a paróquia e observar tudo o que ela contém, seus usos e significados, pode ser realizado, reforçando a vivência proposta.

CELEBRAÇÃO

Chegamos a mais uma Celebração. Muito foi descoberto sobre as ideais que surgem na cabeça das crianças e sobre o mundo que as cerca. Atendendo a este contexto, sugerimos a organização de um teatro com fantoches que, num momento da celebração dominical, poderão explicar à Assembleia a importância e riqueza dos encontros realizados.

4º ENCONTRO COM OS FAMILIARES

Neste quarto encontro, sugerimos a realização de oficinas, nas quais os familiares possam pôr em prática variados tipos de trabalhos manuais: pinturas, modelagens, recortes e colagens, dobraduras, culinária – atividades que proporcionam aprendizagens e conquistam a confiança do grupo no trabalho feito.

O catequista pode convidar pessoas da própria comunidade para que se apresentem às famílias e as ensinem algo criativo e motivador.

UNIDADE V

A VIDA CRISTÃ

Noite feliz, Noite feliz...

21º encontro

CONHECENDO ALGUÉM MUITO ESPECIAL

Objetivo

Apresentar Jesus Cristo às crianças, a partir do contexto do seu nascimento e da sua infância.

Material

Imagens do nascimento e da infância de Jesus, e uma imagem da Sagrada Família.

Preparando o ambiente

Dispor as cadeiras em círculo, sobre as quais serão colocadas as imagens do nascimento e da infância de Jesus. É interessante não colocá-las em ordem.

Expor a imagem da Sagrada Família em local de destaque para o momento da oração.

Acolhida

O catequista solicita a cada criança que escolha uma das imagens e que faça comentários a partir do que observa.

Oração

O grupo se reúne em frente à imagem da Sagrada Família. O catequista pergunta se as crianças sabem/lembram quem são as pessoas representadas na imagem. Deve conversar com as crianças e, após suas considerações, convida o grupo a proclamar uma canção. Alguém na comunidade que toca algum instrumento poderá ser convidado a participar deste momento.

Vivência

O grupo retorna às cadeiras. É solicitado que cada criança apresente a sua imagem para que todo o grupo a conheça. O catequista intervém, ampliando as ideias do grupo.

Reflexão sobre o tema

O catequista chama a atenção das crianças sobre o contexto apresentado: o nascimento e infância de alguém.

> **Importante!**
> Realizar previamente o estudo dos Evangelhos, percebendo as peculiaridades da pessoa de Jesus em cada um dos Evangelistas.

Apresentar Jesus, o Filho de Deus. Contar às crianças como ele veio ao mundo, os problemas que a família dele enfrentou; falar de sua mãe, Maria, de seu pai, José, e dos reis que lhe trouxeram presentes... Apresentar toda a sequência deste nascimento e desta infância.

Partilha

Chega o momento, portanto, de ordenar os fatos. O catequista solicita que as crianças observem as imagens e, com o grupo, organiza-as na ordem em que aconteceram. Poderá ser feito um painel para ser exposto à comunidade.

Compromisso

Solicita-se às crianças que recontem a história do nascimento e da infância de Jesus aos familiares e colegas, observando se eles a conhecem ou se sabem algum fato diferente ou novo para lhes contar. No próximo encontro, as crianças testemunham como foi realizar a tarefa do reconto, analisando se as pessoas quiseram ouvir, se já conheciam a história, o que acharam...

Celebração

No formato de uma via-sacra, o grupo passará pela sequência de fatos do nascimento e da infância de Jesus. É solicitado que uma criança por vez reconte o fato a cada imagem, ao que todos proclamam o refrão da canção realizada no momento da oração.

> Podem ser solicitadas fotos do nascimento e da infância do grupo para a montagem de um painel comparativo entre a infância de Jesus e a das crianças do grupo.

22º encontro
OS ENSINAMENTOS DE JESUS

Objetivo

Afirmar a importância da construção da vivência cotidiana a partir dos ensinamentos de Jesus.

Material

Imagens que demonstrem Jesus adulto e as suas ações junto à comunidade na qual ele vivia.

Um pão.

Painel ilustrativo contendo a afirmação "Ide por todo o mundo e anunciai a Boa-Notícia a todos".

Marcadores de páginas, contendo a mesma frase acima, para serem distribuídos às crianças (três para cada).

Fichas com o registro das ações de Jesus.

Preparando o ambiente

Dispor as imagens em variados espaços do ambiente do encontro. Exemplo: na sala, no corredor, no pátio.

Acolhida

O grupo é acolhido no local onde se encontrar a primeira imagem a ser trabalhada. As crianças contam como foi realizar a proposta do reconto, abordando os aspectos anteriormente citados.

A cada criança são entregues fichas nas quais se encontram registradas as ações de Jesus que estão ilustradas nas imagens.

Oração

Ainda diante da primeira imagem, o grupo se reúne. O catequista explica às crianças que o menino que conheceram já se encontra crescido e que ele tem muitas coisas para ensinar a cada uma delas. Todos proclamam:

Que assim seja!

Vivência

O catequista faz a leitura das fichas e solicita às crianças que encontrem as imagens correspondentes. Feito isto, ao grupo é solicitado observar a imagem, ao que o catequista pergunta:

E o que aprendemos?

O grupo apresenta suas considerações e encontra a ficha que melhor expressa o observado. O mesmo será realizado em todos os outros quadros, afirmando o contexto da aprendizagem que se realiza diante da observação e da compreensão do que Jesus fazia.

Reflexão sobre o tema

Na última imagem, o catequista solicita às crianças que relembrem todas as ações observadas e o que foi aprendido em cada uma delas.

Partilha

Finalizada a reflexão, realizar a partilha do pão, sensibilizando o grupo a partir da vivência do contexto da multiplicação dos pães (cf. Mc 8,1-9), cuja parábola pode ser contada às crianças, adentrando o universo da próxima proposta, fundamentada nas parábolas de Jesus.

Compromisso

Assim como na vivência, as crianças são orientadas a realizar com os seus familiares e amigos o grande ensinamento de Jesus: a partilha.

Celebração

Às crianças é apresentado o painel ilustrativo com a afirmação "Ide por todo o mundo e anunciai a Boa-Notícia a todos" e os marcadores de páginas. O catequista orienta as crianças a entregarem-nos às pessoas para quem elas ensinarem o que aprenderam sobre a prática de Jesus.

O grupo faz o sinal da cruz, dizendo:

Em nome do Pai, do Filho e do Espírito Santo. Amém!

23º encontro
HISTÓRIAS BEM CONTADAS

Objetivo

Apresentar os ensinamentos das parábolas de Jesus Cristo e sensibilizar a compreensão das crianças para os valores nelas contidos.

Material

Cartões com o nome/data/horário/endereço das visitas a cada família.

Lembrancinhas para serem distribuídas, de acordo com a parábola.

Cartaz ou objeto do símbolo para ser levado à casa de cada família.

Preparando o ambiente

Para a apreciação dos contextos das parábolas, propor a realização dos encontros na casa dos catequizandos, envolvendo as famílias e valorizando o seu contexto cotidiano como lugar de catequese.

Organizar previamente um encontro com as famílias, para apresentar a proposta, discutir as possibilidades de horário e de dias, distribuir as parábolas a serem trabalhadas e, por fim, registrar as decisões.

Parábolas	Famílias	Dia	Horário
O semeador (Mt 13,1-9)		___/___	___h___min
O joio e o trigo (Mt 13,24-30)		___/___	___h___min
O grão de mostarda (Mt 13,31-32)		___/___	___h___min
O fermento (Mt 13,33)		___/___	___h___min
O tesouro (Mt 13,44)		___/___	___h___min
A rede (Mt 13,47-48)		___/___	___h___min

Todas as famílias são convidadas a participar dos encontros nas casas, de modo que o endereço de cada uma delas seja repassado a todos para que possam comparecer no dia e hora marcados.

A cada encontro com as famílias, seja realizado também um encontro com o grupo, dinamizando o processo de conhecimento dos catequizandos.

Uma sugestão é convidar alguém da comunidade que toque algum instrumento musical para alegrar os encontros.

NOS ENCONTROS COM AS FAMÍLIAS

Preparando o ambiente

Para cada parábola a ser trabalhada, o catequista prepara o símbolo referente ao seu próprio contexto, desenhando-o em um cartaz e levando-o à casa do catequizando.

Parábola	Símbolo
O semeador	Sementes variadas
O joio e o trigo	Um ramo de trigo
O grão de mostarda	Grão de mostarda
O fermento	Fermento
O tesouro	Um baú
A rede	Uma rede de pesca

A família é responsável por organizar um altar com elementos importantes e pertinentes.

Acolhida

O catequista inicia conversando com a família, revelando o objetivo do encontro, e convidando a família a dizer o quanto este momento é importante para a vivência cotidiana.

Oração

Todos se dirigem ao altar e apresentam seus pedidos e agradecimentos.

Vivência

O catequista pode fazer a leitura da parábola ou recontá-la livremente.

Reflexão sobre o tema

Primeiramente, as crianças são convidadas a dizer o que entenderam. Depois, a família realiza suas considerações, comparando a parábola com fatos da vida.

Partilha

O catequista fala sobre a importância da parábola nos dias atuais, apresentando outras situações que a ela se comparam. Afirma a necessidade de uma comunidade reunida para melhor viver os ensinamentos do Cristo Jesus.

Compromisso

É importante a elaboração do compromisso pela família acolhedora, pois ela saberá como situar em sua vida o que aprendeu.

Celebração

Encerrar o encontro com cânticos que façam referência ao contexto apresentado na parábola.

NOS ENCONTROS COM O GRUPO

Material

Lembrancinhas; Bíblia; vela.

Preparando o ambiente

Organizar o espaço de forma acolhedora para a contação de uma história, arrumando cadeiras e mesas para a realização dos trabalhos em grupos.

Colocar a Bíblia em local de destaque e uma vela acesa.

Acolhida

As crianças acolhem umas às outras, recebendo quem chega de maneira festiva. Por exemplo: ao toque de apitos ou cantando uma canção.

Seja bem-vindo, olelê!
Seja bem-vindo, olalá!
Paz e bem pra você, que veio participar!
Paz e bem pra você, que veio participar!

Oração

O catequista reúne o grupo em volta da Bíblia e da vela. Sensibiliza o olhar das crianças para a importância dos ensinamentos presentes na Bíblia e das histórias que ela tem para contar. O catequista convida todos a proclamar (podem ser feitos gestos também, dinamizando a compreensão das crianças):

A Bíblia é a Palavra de Deus
Semeada no meio do povo
Que cresceu, cresceu e nos transformou,
Na esperança de viver um mundo novo!

Vivência

Todo o grupo se reúne no local previamente preparado para ouvir a parábola.

Reflexão sobre o tema

O catequista narra ou lê a parábola e solicita que o grupo diga o que compreendeu, realizando perguntas sobre a história.

Partilha

Os momentos de partilha podem ser realizados de muitas formas. Destacamos algumas: a parábola pode ser ilustrada ou encenada; uma sequência de imagens pode ser organizada; o grupo pode ir em busca de alguém para contar a história; imagens de revista podem ser recortadas, ilustrando os fatos da parábola; uma música pode ser apreciada, ampliando a compreensão sobre o contexto da história.

Compromisso

A cada parábola é importante construir o compromisso com as crianças, situando-o em suas realidades cotidianas.

Celebração

O grupo se reúne novamente em volta da Bíblia e faz um agradecimento pela história que Deus proporcionou.

Importante!

No Livro do Catequizando existe uma sequência de atividades para a ilustração de cada parábola. O catequista pode aproveitar as ilustrações das crianças para a organização de exposições a cada encontro, valorizando suas percepções.

24º encontro

APRENDER A CRER

Objetivo

Promover experiências de fé, envolvendo os cinco sentidos – audição, paladar, olfato, tato e visão –, de modo que as crianças compreendam a importância da dimensão do crer no cotidiano da vida.

Material

Objetos que representem os cinco sentidos; venda para os olhos; crachás contendo o tema do encontro.

Preparando o ambiente

De acordo com os cinco sentidos, alguns elementos podem ser apresentados ao grupo, tais como:

SENTIDOS	ELEMENTOS
Audição	Um sino
Paladar	Algo doce, amargo, azedo e salgado
Olfato	Perfume
Tato	Objetos de uso cotidiano
Visão	Imagens que retratam o cotidiano da Igreja

Estes elementos deverão ser acomodados dentro de uma caixa, que deverá, num primeiro momento, estar fechada e disposta em local de destaque para a apreciação de todo o grupo.

Cadeiras podem ser dispostas para acomodação do grupo e crachás contendo a expressão-tema do encontro, com o registro de trechos do Creio, poderão ser organizados.

Acolhida

Distribuir um crachá para cada criança. As expressões podem se repetir, de acordo com o número de crianças presentes no grupo.

Oração

O grupo é convidado a se reunir e o catequista realiza com o grupo a seguinte reflexão:
Deus abençoa os nossos ouvidos (as crianças colocam as mãos sobre as orelhas)
para que possamos ouvir o teu chamado.
Abençoa os nossos olhos (colocam as mãos sobre os olhos)
para ver as belezas da vida.
Abençoa o nosso nariz (colocam a mão sobre o nariz)
para que possamos sentir o cheiro da vida.
Abençoa as nossas mãos (estendem-nas)
para que possamos fazer a tua vontade.
Abençoa a nossa boca (mostram a língua)
para que possamos sentir o sabor de cada dia.
Amém!

Vivência

O catequista deve solicitar às crianças que se acomodem nas cadeiras. Mostra-lhes a caixa e informa que uma de cada vez será escolhida para tentar descobrir o que há dentro dela. A criança escolhida tem os olhos vendados e algo da caixa lhe é apresentado.

Exemplo: o sino é tocado pelo catequista. A criança deverá identificar o objeto somente pelo som.

Reflexão sobre o tema

Após todas as crianças vivenciarem o trabalho com os sentidos, o catequista pergunta o que sentiram no momento em que os elementos foram apresentados, revelando facilidades e dificuldades na sua realização. É importante conscientizar as crianças sobre a necessidade dos sentidos por toda a vida. Por meio deles percebemos as mais variadas reações que acontecem no nosso contato com o mundo, como algo quente, doce, liso ou profundo. Os sentidos nos permitem acreditar e Deus busca, por meio deles, se manifestar, chegando, consequentemente, a algo muito mais essencial, o nosso sexto sentido: o coração.

Partilha

O catequista solicitará a leitura dos crachás pelas próprias crianças, auxiliando-as no que for preciso.

Compromisso

O catequista afirma ao grupo que, assim como acreditamos que algo possa ser quente ou doce, devemos preparar o nosso coração para acreditarmos em Deus. Ele busca chegar ao nosso coração e precisamos, a cada dia, acolhê-lo em nossas vidas para sentirmos *como é bom viver.*

Celebração

Novamente, o grupo realiza a oração sobre os sentidos, incluindo nela a afirmação:
(Com a mão no coração)
Proteja o nosso coração e nos faça acreditar.
Amém!

Importante!

Caso exista no grupo alguma criança com deficiência, tal como surdez, cegueira ou deficiência motora, o catequista deve buscar valorizar suas potencialidades, aguçando os sentidos que ela pode desenvolver.

25º encontro

SER IGREJA

Objetivo
Afirmar a importância do que somos, fazemos e cremos como cristãos na identidade do Ser Igreja, Povo de Deus.

Material
Crachás de identificação.

Preparando o ambiente
Combinar com o padre a organização de uma celebração com as crianças. Organizar este encontro de modo que elas possam ser valorizadas em sua participação.

Acolhida
O padre e o catequista acolhem as crianças, direcionado-as para os primeiros bancos.

Oração
O padre faz uma bênção, dirigindo-se a cada criança, chamando-a pelo nome (escrito no crachá).

Vivência
Padre e catequista conversam com as crianças sobre a importância da compreensão sobre o que é Ser Igreja, colhendo as opiniões delas. Após esta conversa, eles as ajudam nos registros em seus portfólios, identificando as importantes informações ali contidas.

Reflexão sobre o tema

Durante o ano muitas são as atividades realizadas pela comunidade: festividades, celebrações, passeios, romarias, encontros. Além da própria dinâmica da vida pastoral.

Afirmamos a importância da participação das crianças em tudo o que acontece, de modo que elas possam, a partir da própria experiência, compreender o que é Ser Igreja, Povo de Deus.

Partilha

Realizar uma celebração com as crianças.

Compromisso

Ao final da celebração, as crianças são convidadas a apresentar seus compromissos para com a vida da comunidade, manifestando-os com alegria e sendo aplaudidas por todos os presentes.

Celebração

Uma bênção de envio é realizada, conscientizando as crianças sobre a continuidade da caminhada.

CELEBRAÇÃO

Vivenciada a importância da vida cristã, uma confraternização poderá ser organizada, envolvendo as famílias e a comunidade, logo após a celebração dominical. Convites são entregues, o lanche poderá ser definido comunitariamente e, aos moldes de um sarau, pessoas que tocam algum instrumento na Igreja podem apresentar louvores para a apreciação dos participantes.

Na celebração, as crianças e suas famílias são chamadas ao altar para receber uma bênção, afirmando o seu compromisso com a comunidade cristã, testemunho vivo no seio da comunidade.

5º ENCONTRO COM AS FAMÍLIAS

A proposta deste quinto encontro considera a realização de uma celebração com as famílias e os catequizandos, se possível no Tempo Pascal, na qual as famílias poderão ser motivadas a participar da liturgia e a afirmar o seu compromisso na vida da comunidade.

O catequista define a data e horário com o padre e envia às famílias um convite que motive a participação. O local da celebração deve ser acolhedor e organizado, no qual adultos e crianças possam acompanhar tudo sem ruídos ou distrações.

Previamente as famílias que realizarão as leituras deverão ser preparadas para a proclamação da Palavra. É importante que o catequista as reúna para a reflexão e compreensão, auxiliando-as no que for necessário.

No comentário inicial, o catequista pode relembrar o trabalho feito, resgatando momentos importantes da participação do grupo.

No ofertório, são entregues ao padre o nome dos catequizandos e, um a um, eles são chamados, ao que todos cantam um cântico apropriado.

Ao final da celebração, são entregues lembranças a cada uma das famílias e agradecimentos são realizados.

BIBLIOGRAFIA

DOCUMENTOS LEGAIS

BEAUCHAMP, Jeanete; NASCIMENTO, Aricélia Ribeiro; PAGEL, Sandra Denise (org.). *Ensino Fundamental de nove anos*: orientações para a inclusão da criança de seis anos de idade. Brasília: Ministério da Educação, Secretaria de Educação Básica, 2007.

CONSTITUIÇÃO Federal, promulgada em 5 de outubro de 1988.

CONVENÇÃO sobre os Direitos da Criança (Decretos nn. 5006 e 5007, de 8 de março de 2004).

ESTATUTO da Criança e do Adolescente, Lei n. 8.069, de 13 de julho de 1990.

PARÂMETROS Curriculares Nacionais. Brasília: MEC, 1997.

REFERENCIAIS Curriculares da Educação Infantil. Brasília: MEC, 1997.

DOCUMENTOS DA IGREJA

Catecismo da Igreja Católica.

CNBB. *Diretório Nacional de Catequese*. São Paulo: Paulinas, 2006. (Documentos da CNBB, 84.)

Compêndio do Catecismo da Igreja Católica.

CONGREGAÇÃO DOS RITOS. *Instrução sobre o culto do mistério eucarístico.* São Paulo: Paulinas, 2003.

CONGREGAÇÃO PARA O CULTO DIVINO. *Diretório para missas com crianças.* São Paulo: Paulinas, 1977. (Documentos da CNBB, 11.)

Estudos e Livros

AURELI, T. *A observação do comportamento da criança.* São Paulo: Paulinas, 2005. (Coleção psicologia e educação.)

Bíblia Sagrada. (Edição CNBB.)

GAY, R. C. *Códigos do universo infantil.* São Paulo: Paulinas, 2005. (Coleção psicologia e educação.)

GIL, Paulo. *Quem é o catequizando?* Cadernos temáticos para evangelização, n. 6. Petrópolis, Vozes, 2001.

GONZÁLEZ, María Navarro. Catequese com crianças. *Dicionário de Catequética.* Dirigido por V. María Pedrosa, María, R. Lázaro e J. Sartre. São Paulo: Paulus, 2004.

LELO, A. F. *A iniciação cristã*: catecumenato, dinâmica sacramental e testemunho. São Paulo: Paulinas, 2005. (Coleção água e espírito.)

MARTIÑA, R. O *que fazer com as crianças?* Educação convencional: um programa para adultos. São Paulo: Paulinas, 2005. (Coleção psicologia e educação.)

NUCAP. *Iniciação à eucaristia.* São Paulo: Paulinas, 2008. (Coleção água e espírito.)

Sumário

Apresentação 5

Introdução 6

PLANEJAR A CAMINHADA
Iniciação à vida 11

Formação do catequista..20

Planejamento 25

Metodologia 31

UNIDADE I – Olha eu aqui!
1º encontro – Ser criança...37

2º encontro – Ter família 41

3º encontro – No dia a dia...44

4º encontro – Aprender a ser 46

5º encontro – Quero ser...49

UNIDADE II – Eu com os outros
6º encontro – Preciso de ti..55

7º encontro – Cada um tem o seu jeito..........................58

8º encontro – O mundo é cheio de gente 61

9º encontro – Aprender a conviver em comunidade.......63

10º encontro – O lugar onde vivo...................................65

UNIDADE III – A vida que temos
- 11º encontro – Como vivo 71
- 12º encontro – Do que sinto falta 74
- 13º encontro – O que não pode faltar 77
- 14º encontro – Aprender a viver 79
- 15º encontro – Problemas e soluções 81

UNIDADE IV – Descobertas e curiosidades
- 16º encontro – Sobre a criação 89
- 17º encontro – Sobre quem somos e o que fazemos 91
- 18º encontro – Meus porquês 94
- 19º encontro – Aprender a pensar 96
- 20º encontro – O mundo dos símbolos 100

UNIDADE V – A vida cristã
- 21º encontro – Conhecendo alguém muito especial 107
- 22º encontro – Os ensinamentos de Jesus 110
- 23º encontro – Histórias bem contadas 113
- 24º encontro – Aprender a crer 118
- 25º encontro – Ser Igreja 121

Bibliografia 125